공부습관 바로잡는 5주 완성 손글씨

오! 놀라운 바른글씨

Amazing Contents Team 저

스티커를 붙여 칭찬해 주세요.

목 차

바른 글씨의 힘   10

1장 가로 세로, 기본 획 익히기

DAY 1   줄 긋기   12

DAY 2   자음 쓰기 ①   14

DAY 3   자음 쓰기 ②   16

DAY 4   모음 쓰기 ①   18

DAY 5   모음 쓰기 ②   20

재미잼   점선 따라 그리기   22

2장 세모 네모, 모양 맞춰 쓰기

DAY 6   사다리꼴 글자 쓰기 ①   26

DAY 7   사다리꼴 글자 쓰기 ②   30

DAY 8   여섯모꼴 글자 쓰기 ①   34

DAY 9   여섯모꼴 글자 쓰기 ②   38

DAY 10   네모꼴 글자 쓰기   42

재미잼   점 이어 그림 그리기   46

3장 모양 맞춰 낱말 쓰기

DAY 11   봄 낱말 쓰기   50

DAY 12   여름 낱말 쓰기   54

DAY 13   가을 낱말 쓰기   58

DAY 14   겨울 낱말 쓰기   62

DAY 15   자연 낱말 쓰기   66

재미잼   끝말 잇기   70

4장 줄 맞춰 문장 쓰기 ①

DAY 16	가족과 친구 속담	74
DAY 17	지혜로운 태도 속담	78
DAY 18	즐거운 생활 속담	82
DAY 19	노력의 중요성 속담	86
DAY 20	신중한 마음가짐 속담	90
재미잼	알쏭달쏭 수수께끼	94

5장 줄 맞춰 문장 쓰기 ②

DAY 21	국어 교과서 핵심 문장	98
DAY 22	수학 교과서 핵심 문장	102
DAY 23	사회 교과서 핵심 문장	106
DAY 24	과학 교과서 핵심 문장	110
DAY 25	음악, 미술 교과서 핵심 문장	114
재미잼	가로세로 낱말 퍼즐	118

부록

하나	읽기 쉽게, 띄어쓰기	122
둘	척척, 알림장 쓰기	126
셋	재미있게, 일기 쓰기	128
넷	뚝딱, 독서카드 쓰기	131

이렇게 활용하세요

다섯 가지 놀라운 기능이 숨어 있는 **오! 놀라운 바른글씨**, 이렇게 활용하세요!

특징1 체계적인 글씨 연습

큰 글씨에서 작은 글씨로, 덮어쓰기에서 따라 쓰기, 혼자 쓰기로 누구나 쉽게 바른 글씨체를 연습할 수 있어요. 또 낱글자에서 낱말로, 짧은 문장에서 긴 문장으로 단계별로 연습하면서 글씨 쓰기가 익숙해져요!

특징2 효과적인 받아쓰기 연습

무조건 따라 쓰는 것이 아니라, 음성을 듣고 받아써요. 이를 통해 자연스럽게 맞춤법도 익힐 수 있고, 혼자서 바르고 정확하게 글씨 쓰는 것을 연습할 수 있습니다.
(QR코드를 스캔하면 음성 파일을 다운로드 할 수 있습니다.)

음성 다운로드

특징3 자율적인 공부 습관

교과서 핵심 문장을 따라 쓰고,
핵심 낱말카드를 직접 써 보면서
스스로 요약·정리하는 습관을 가져요.

특징 4 재미있는 글씨 놀이

다양한 놀이로 글씨 쓰기에 재미를 느껴요. 놀다 보면 자연스럽게 어휘력이 자라요.

특징 5 쓸모 있는 생활 글쓰기

알림장과 일기 쓰기, 독서 카드 등 실생활에 필요한 다양한 글쓰기를 연습해요.

5주 완성 바른 글씨 프로젝트!

준비 단계 바르게 앉기, 바르게 연필 잡기 등 글씨 쓰기를 위한 준비를 합니다.

1단계 선 따라 그리기로 바른 글씨의 기본을 다집니다. 그리고 한글 자음과 모음을 획순을 따라 쓰며 연습합니다. 화살표의 방향에 유의하여 천천히 쓰세요.

2단계 도움선에 맞춰 낱글자와 낱말을 따라 쓰면서 글자의 네 가지 기본 형태를 익힙니다. 그리고 받아쓰기 하면서 맞춤법도 익힙니다.

3단계 주제별로 낱말을 씁니다. 낱글자의 형태에 맞춰 따라 쓰는 것이 익숙해 집니다. 도움선이 없는 칸에 속도를 내어 쓰는 연습을 합니다.

4단계 문장을 중심선에 맞춰 짧은 문장을 따라 씁니다. 원고지 형태의 칸에 쓰면서 띄어쓰기와 맞춤법도 익힙니다.

5단계 교과서 핵심 문장을 따라 쓰면서 긴 문장 쓰기도 익숙해지도록 연습합니다.

바른 글씨의 힘!

어릴 적 만든 좋은 습관은 평생에 걸쳐 좋은 영향을 미칩니다. 글씨를 쓰는 습관도 마찬가지입니다. 초등학생 때 익힌 바른 글씨 습관은 생활 태도를 차분하게 해 줄 뿐 아니라, 학생들의 학습 능력과도 밀접한 관계가 있습니다. 한 글자, 한 글자 정성 들여 글씨를 쓰다 보면 급한 성격을 고치고, 성급한 행동을 덜 하게 되지요. 또 스스로 생각할 여유를 갖게 되면서 자기 주도적인 학습 태도를 갖추게 됩니다.

물론 요즘 초등학생들은 학교에서도 글씨를 쓸 일이 많지 않다 보니, 쓰는 것 자체를 어렵게 생각합니다. 하지만 당장 일기를 쓸 때는 물론이고, 나중에 논술 시험이나 입사 시험 등 중요한 순간에는 꼭 직접 글씨를 써야 하지요. 이것이 우리가 지금부터 바르게 글씨 쓰는 습관을 익혀야 할 이유입니다. 어떻게 하면 바른 글씨체를 가질 수 있을까요?

습관을 바로잡는 매직 셋!

1. 바르게 연필 잡기

중지로 연필을 받치고 엄지와 검지로 가볍게 잡으세요. 손날을 바닥에 붙인 뒤, 연필과 종이와의 각도는 70도 정도로 하고 자리를 잡습니다. 그리고 연필을 잡은 세 손가락을 움직여 글씨를 씁니다.

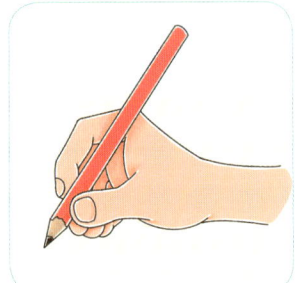

2. 바른 자세로 앉기

의자 안쪽까지 앉고 허리를 세워 바르게 앉습니다. 두 팔은 어깨너비만큼 넓혀 책상에 내려놓은 뒤, 오른손이 놓이는 곳에 공책을 두고, 왼손으로 공책 한쪽을 살짝 누릅니다.(연필 쥐는 손이 왼손이면 이와 정반대로 합니다.) 그리고 고개를 가볍게 내려 아래를 보며 씁니다.

3. 여유로운 마음 갖기

글씨를 쓸수록 글씨체가 나빠진다면, 급하게 쓰기 때문입니다. 서두르지 않고 천천히 쓰기만 해도 바른 글씨체를 가질 수 있습니다. 그리고 글씨 연습을 할 때는 연필로 쓰는 것이 좋습니다. 연필은 심이 단단하고 마찰력도 적당해서 천천히 쓰는데 도움이 됩니다.

글씨체가 좋아지는 매직 셋!

무작정 많이 쓴다고 해서 글씨체가 좋아지는 것은 아닙니다. 바르게 보이는 글씨체의 특징을 알면 조금만 연습해도 금세 글씨체가 좋아집니다.

1. 세로획과 가로획을 곧게
한글은 글자 모양이 네모꼴처럼 반듯하기 때문에 가로획과 세로획만 곧게 그어도 글자 모양이 반듯해 보입니다. 또 획이 꺾이는 부분을 정확하게 쓰면 글자가 반듯해집니다.

2. 획과 획의 연결을 깔끔하게
획과 획이 만나는 부분에서 획이 삐져나오면 글씨가 지저분해 보일뿐더러 다른 글자처럼 보이기도 합니다.

3. 자음과 모음을 획수에 맞게
획수를 무시하고 빠르게 쓰다 보면 글자 모양이 흐트러집니다. 그중 'ㅁ'이나 'ㅂ'은 꼭 획순을 지켜 씁니다.

여기서 잠깐, 꼭 획순에 맞춰 써야 할까요? 본인이 편한 방법으로 쓰면 되지, 왜 굳이 획순을 정했을까요? 획순은 글자를 쓰는 순서로, 한글이나 한자, 알파벳 등 모든 글자마다 각자의 획순이 있습니다. 그동안 글자를 사용해 온 선조들이 글자를 쉽고, 빠르고, 보기 좋게 쓰는 방법을 집약한 것, 그것이 바로 획순이기 때문입니다. 그러니 획순에 맞춰 쓰는 것은 글씨를 빠르고 정확하게 쓰는 데 아주 중요합니다. 한글의 기본 획순은 아주 간단합니다. ①위에서 아래로, ②왼쪽에서 오른쪽으로, ③가로에서 세로로.

'천 리 길도 한 걸음부터'라는 말이 있지요? 지금 당장 글씨체가 바뀌지 않아도, 매일 바르게 쓰는 것을 연습하다 보면 나도 모르는 새 아름답고 정갈하게 글씨를 쓸 수 있을 거예요.

학습 목표

글씨 연습은 선을 반듯하게 긋는 것부터 시작해요. 이번 장에서는 선 긋기부터 자음과 모음 쓰기를 연습해요. 처음부터 너무 많은 양을 하려고 욕심내면 금방 지쳐요. 그것보다는 매일 꾸준히 하는 습관을 들이는 것이 더 중요하답니다.

학습 목차

★ DAY 1   줄 긋기
★ DAY 2   자음 쓰기 ①
★ DAY 3   자음 쓰기 ②
★ DAY 4   모음 쓰기 ①
★ DAY 5   모음 쓰기 ②
★ 재미잼   점선 따라 그리기

줄 긋기

글씨 쓰기는 선 긋기에서부터 시작해요. 곧은 선과 굽은 선을 바르게 그리면 예쁜 글씨를 쉽게 쓸 수 있어요. 특히 우리 한글은 주로 곧은 선으로 되어 있어서, 선을 반듯하게 긋기만해도 절반은 성공한 셈이지요. 그리고 한글에서 ㅇ과 ㅎ 같은 굽은 획은 얼마 없지만, 글자에서 중심이 되기 때문에 굽은 획도 자주 연습하세요.

가로, 세로, 빗금과 같은 곧은 선과 ㅇ 같은 굽은 선을 연습해 봐요. 서두르지 말고 천천히 따라 그어 보세요.

✿ 가로획은 한글에서 가장 기본이 되므로 많이 연습해 보세요.

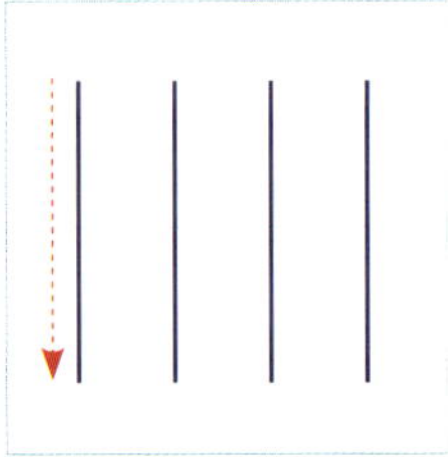

✿ 선이 자꾸 비뚤어진다면 책을 바르게 놓았는지 확인해 보세요.

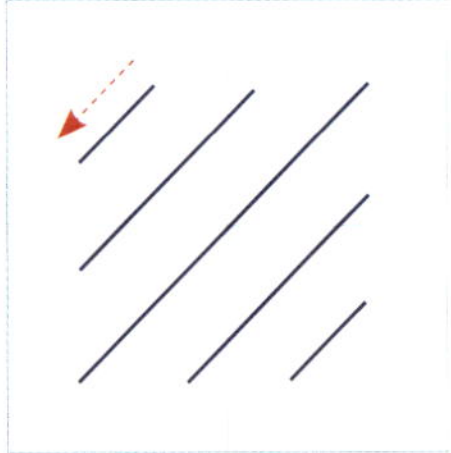

✿ 빗금은 ㅅ이나 ㅈ, ㅊ과 같은 글자에 쓰여요.

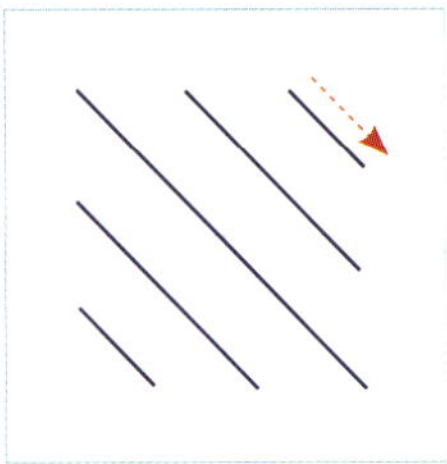

⭐ 선이 꺾이는 곳은 모서리를 내어 그어요. 둥글게 구부리면 안 돼요.

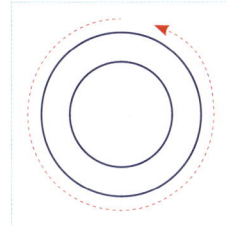 

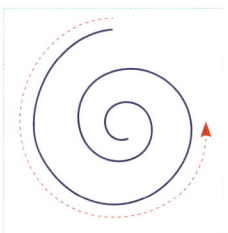 

⭐ 너무 빨리 그리려고 하면 울퉁불퉁해지니까, 천천히 그리세요.

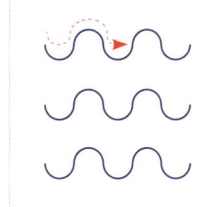 

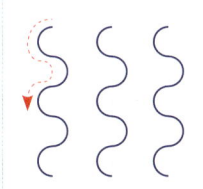 

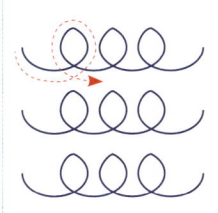 

⭐ 화살표를 따라 천천히 그리세요.

DAY 2 자음 쓰기 ①

한글의 자음은 글자의 첫 부분과 받침으로 쓰여요. 그러니까 자음을 바르게 쓰면 글자 전체가 단정해 보여요. 곧은 선일 때는 곧게, 모서리가 있을 때는 날카롭게 모서리를 내어 써 보세요. 또 모음의 위치에 따라 자음의 모양이 조금씩 달라지므로, 이것도 연습해 봐요.
아래 화살표는 글자의 선을 긋는 방법과 방향, 그리고 순서를 설명한 것이에요. 화살표를 따라 천천히 써 보세요.
또 자음은 모음의 위치에 따라 그 모양이 약간 달라지므로 주의하세요.

⭐ 연필을 떼지 말고 한 번에 써요.

⭐ 획이 만나는 곳은 삐져나오지 않게 쓰세요.

⭐ 획순에 맞춰 3획으로 쓰세요. 흘려 쓰면 안 돼요.

⭐ ②의 획이 꺾이는 부분을 각지게 쓰세요.

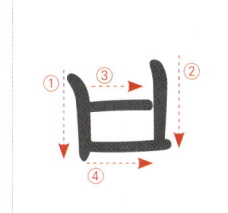

⭐ 세로획은 세로획끼리, 가로획은 가로획끼리 반듯하게 그으세요.

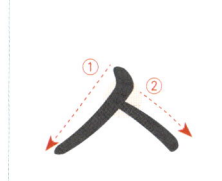

⭐ ②는 ①보다 조금 낮은 곳에서 시작하세요.

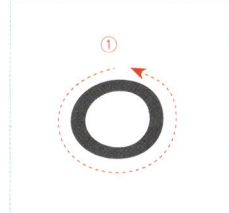

⭐ ①을 두 획에 나누어 ㅈ처럼 쓸 수 있어요.

⭐ ①은 빗겨서 그어도 되고, 가로로 그어도 돼요.

DAY 3 자음 쓰기 ②

여기서는 ㅋ, ㅌ, ㅍ, ㅎ과 자음 두 개가 모인 쌍자음을 연습해 봐요. ㅋ, ㅌ, ㅍ, ㅎ은 앞서 배운 ㄱ, ㄷ, ㅂ, ㅇ을 쓸 때 유의점을 생각하며 쓰세요. 획이 많아지므로 획 사이 간격을 너무 넓지 않게 쓰도록 하세요.

그리고 글자의 첫 부분에 쓰이는 쌍자음은 ㄲ, ㄸ, ㅃ, ㅆ, ㅉ이 있어요. 쌍자음을 쓸 때는 왼쪽 것부터 써요. 그리고 크기는 자음 하나의 크기에 맞춰서 조금 작게 쓰세요.

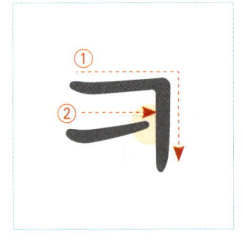 

⭐ ②는 ① 세로획의 중간 쯤에 닿도록 그으세요.

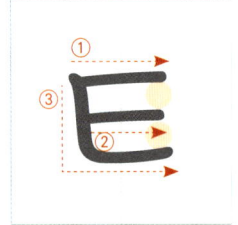 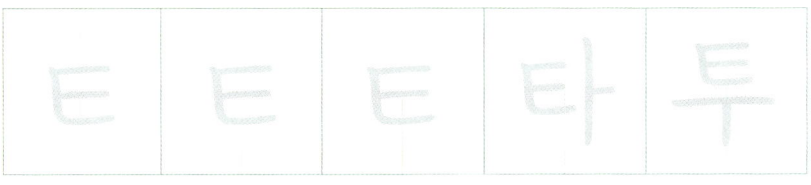

⭐ 가로획 사이 공간이 비슷하게 남도록 그으세요.

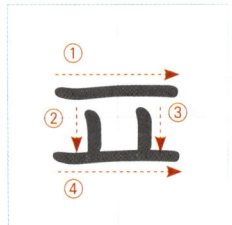 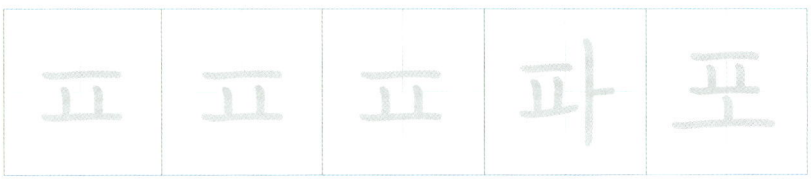

 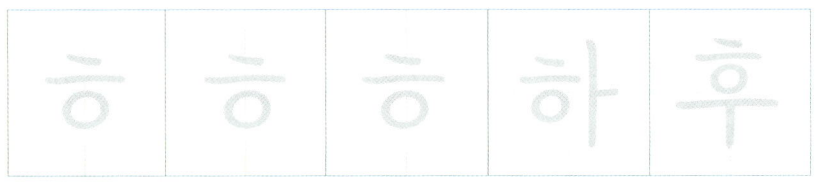

⭐ ㅊ의 첫 획을 빗겨서 썼다면 여기서도 ①을 빗겨서 쓰고, 가로로 뉘어서 썼다면 여기서도 ①을 가로로 그으세요.

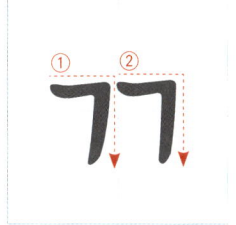

⭐ 두 개의 자음을 쓸 때는 처음 쓰는 자음이 너무 크지 않게 쓰세요.

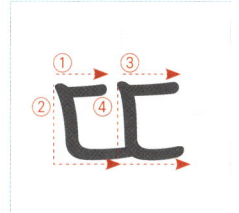

⭐ 획이 많지만 한 획, 한 획 빠뜨리지 말고 쓰세요.

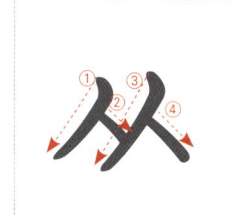
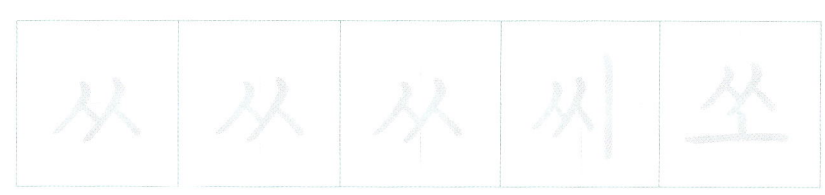

⭐ 자음을 아울러 쓰는 것으로는 ㄲ, ㄸ, ㅃ, ㅆ, ㅉ 을 비롯해, 받침자로만 쓰이는 ㄳ, ㄵ, ㄶ, ㄺ, ㄻ, ㄼ, ㄽ, ㄾ, ㄿ, ㅀ, ㅄ이 있어요.

DAY 4 모음 쓰기 ①

한글 모음은 직선으로만 되어 있어서 직선만 곧게 그어도 글자 전체가 반듯해져요. 쓰는 순서도 자음과 마찬가지로 가로획은 왼쪽에서 오른쪽으로, 세로획은 위에서 아래로 써요. 정말 쉽죠? 그리고 선끼리 맞닿는 부분은 밖으로 삐져나오지 않도록 쓰세요. 밖으로 삐져나오게 쓰면 ㅏ인지, ㅓ인지 알아보기 어려우니까요.

모음의 모양은 자음의 위치에 따라 달라지지 않지만, 자음의 위치를 생각하며 모음을 따라 써 보세요.

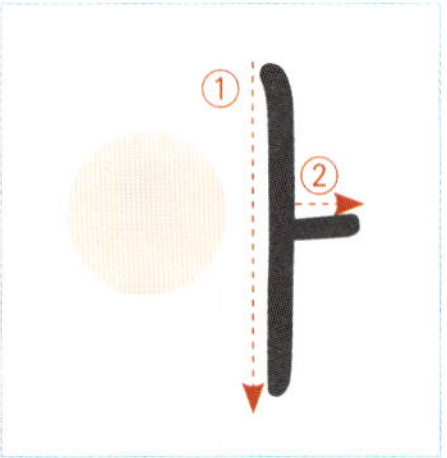

ㅏ ㅏ ㅏ ㅏ 아 가

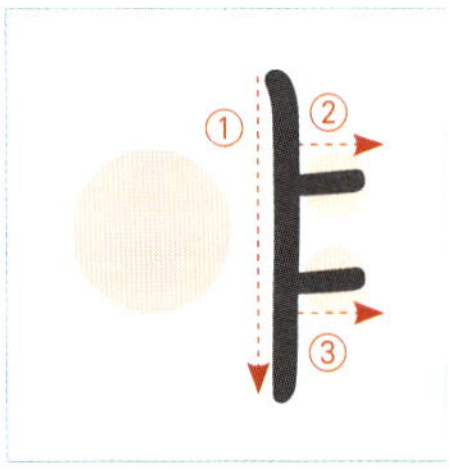

ㅑ ㅑ ㅑ ㅑ 야 냐

⭐ ②와 ③ 두 획이 평행하도록 그으세요.

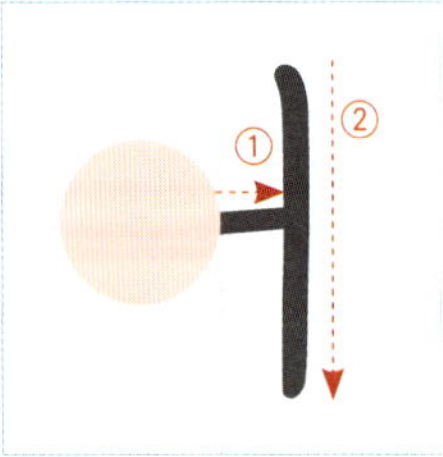

ㅓ ㅓ ㅓ ㅓ 어 더

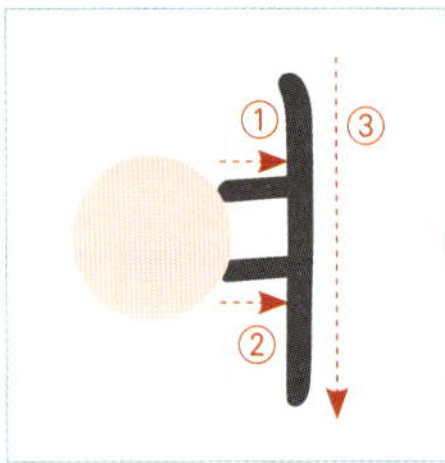

ㅕ ㅕ ㅕ ㅕ 여 려

| ㅗ | ㅗ | ㅗ | 오 | 토 |

| ㅛ | ㅛ | ㅛ | 요 | 교 |

⭐ ①과 ②가 바깥쪽으로 벌어지지 않도록 곧게 쓰세요.

| ㅜ | ㅜ | ㅜ | 우 | 무 |

| ㅠ | ㅠ | ㅠ | 유 | 쥬 |

| ㅡ | ㅡ | ㅡ | 으 | 르 |

⭐ 가로로 곧게 그으세요.

| ㅣ | ㅣ | ㅣ | 이 | 치 |

⭐ 세로로 곧게 그으세요.

DAY 5 모음 쓰기 ②

모음을 쓸 때는 왼쪽 획을 먼저 쓴 다음에 오른쪽 획을 쓰세요. 그리고 자음이 놓일 위치를 보고 크기를 맞추어 쓰세요.(획순이 간단한 순서로 배열하였습니다.)

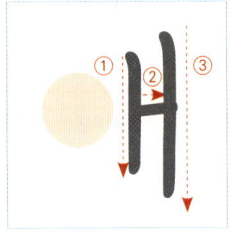

⭐ ②를 너무 길지 않게 그으세요.

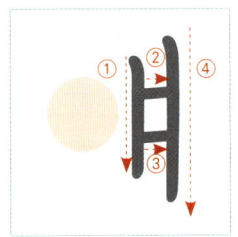

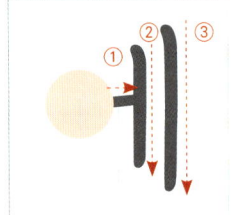

⭐ ②와 ③을 너무 떨어뜨려 긋지 마세요.

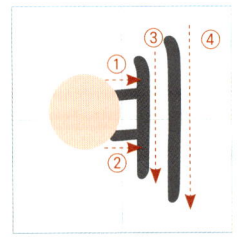
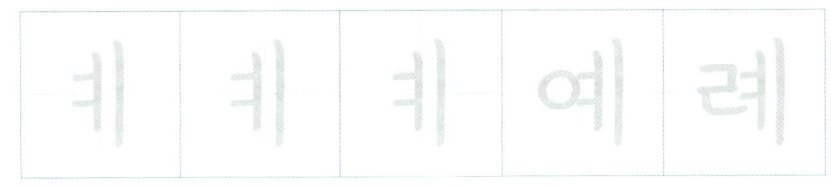

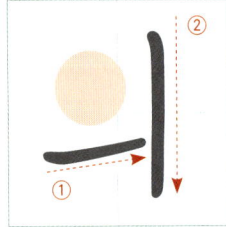
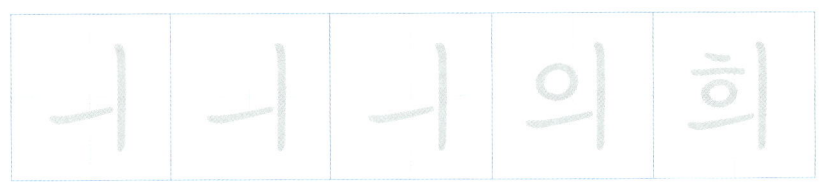

⭐ ㅓ처럼 쓰면 안 돼요. ①을 조금 낮은 곳에서 시작해서 길게 그으세요.

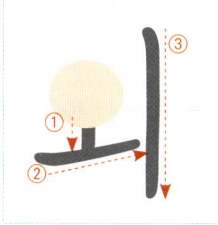 

⭐ ②는 너무 높은 곳에서 긋지 않도록 하세요.

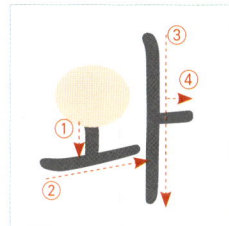 

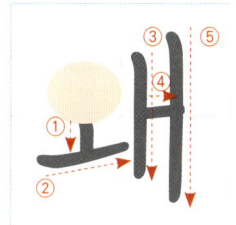 

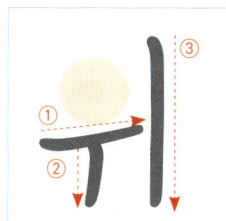 

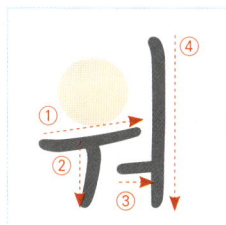 

⭐ ③은 ①보다 낮은 곳에서 쓰세요.

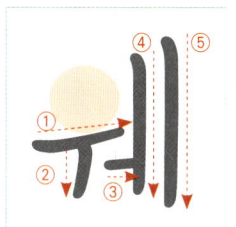 

재미잼
점선 따라 그리기

점선을 따라 테두리를 그려서 그림을 완성하세요.

예시

2장

세모 네모, 모양 맞춰 쓰기

학습 목표

여기서는 자음과 모음을 모아 글자를 써 봐요. 글자는 자음과 모음이 어떻게 어우러져 있느냐에 따라 세모꼴, 네모꼴 등 네 가지 모양으로 쓸 수 있어요. 글자 전체의 모양을 생각하면서 쓰면 누구나 쉽게 예쁜 글씨체로 쓸 수 있어요.

학습 목차

- ★ DAY 6   사다리꼴 글자 쓰기 ①
- ★ DAY 7   사다리꼴 글자 쓰기 ②
- ★ DAY 8   여섯모꼴 글자 쓰기 ①
- ★ DAY 9   여섯모꼴 글자 쓰기 ②
- ★ DAY 10   네모꼴 글자 쓰기
- ★ 재미잼   점 이어 그림 그리기

DAY 6 사다리꼴 글자 쓰기 ①

'가', '벼', '해'처럼 모음이 자음의 오른쪽에 있는 글자는 세로로 서 있는 사다리꼴에 맞추어 쓰면 돼요. 모음 ㅏ, ㅑ, ㅓ, ㅕ, ㅣ가 오는 글자들이지요.

  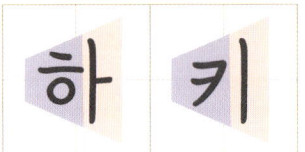

위의 예시에서 보라색 부분은 자음의 위치이고, 분홍색 부분은 모음의 자리예요. 가로 폭을 보면 모음 부분이 자음 부분보다 조금 좁지요? 그래서 ㅏ, ㅓ, ㅐ와 같은 모음은 가로획을 조금 짧게 써야 해요.

또 모음의 세로획은 왼쪽 자음의 높이보다 더 길고 곧게 쓰세요. 이때 모음의 세로획은 글자의 중심이므로 곧고 바르게 내리 그으세요.

 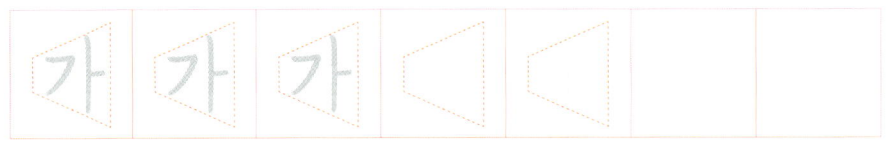

⭐ 세로획에 붙은 가로획은 너무 길지 않게 그으세요.

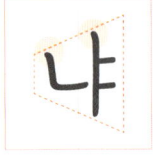 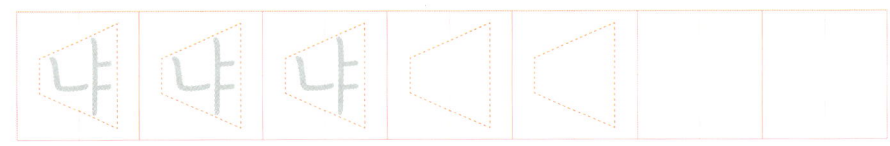

⭐ 자음보다 모음을 조금 더 높은 위치에서 그으세요.

 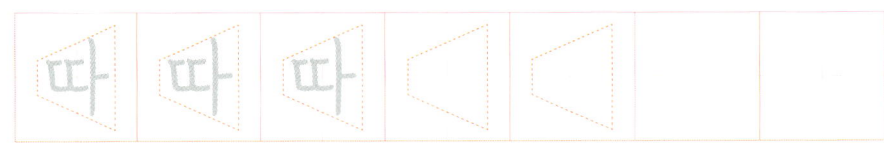

 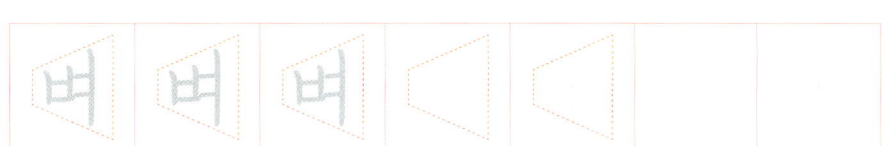

⭐ 자음과 모음의 세로획을 평행하도록 그으세요.

 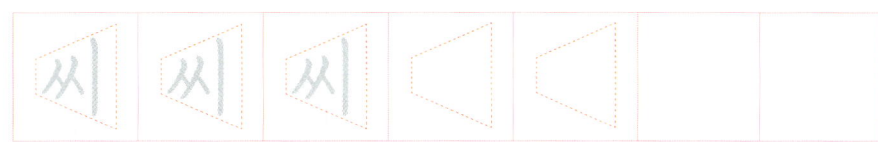

 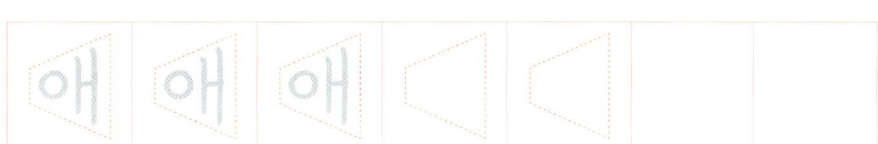

 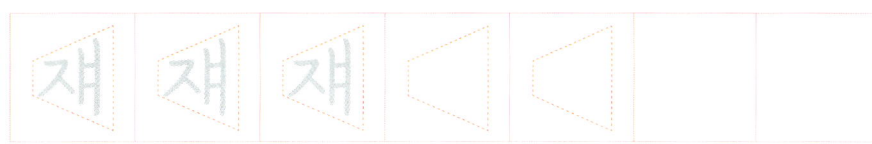

 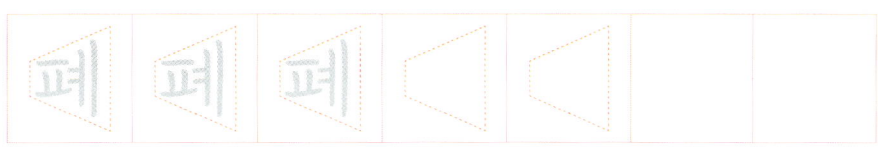

⭐ 획이 많을 때는 자음과 모음 사이가 너무 벌어지지 않게 쓰세요.

 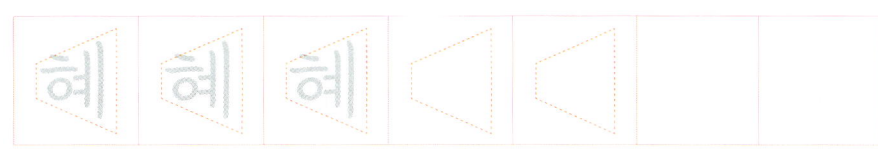

⭐ 불러 주는 낱말을 들으며 천천히 받아쓰세요.

mp3_01

 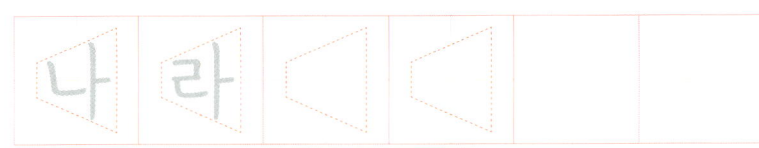

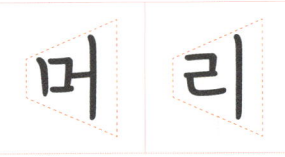 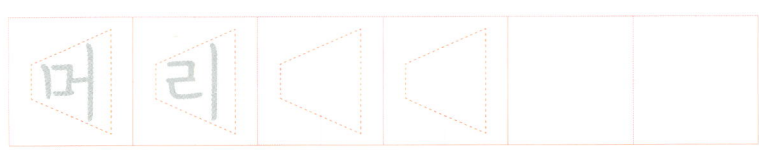

 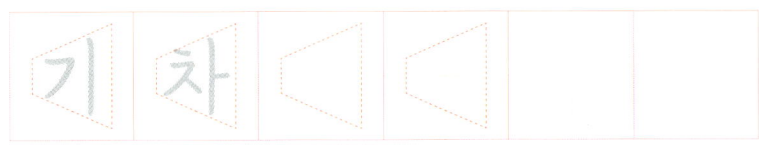

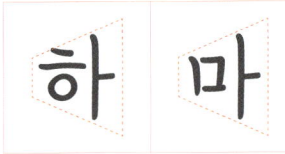 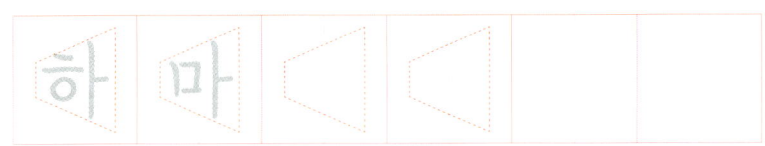

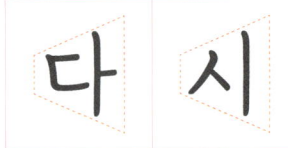 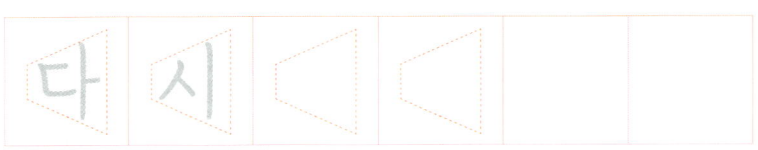

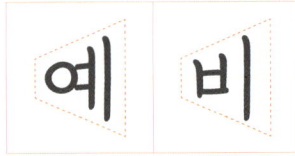 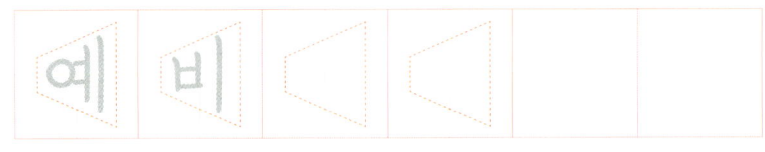

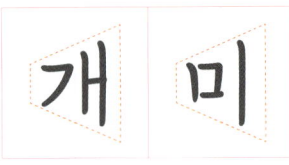 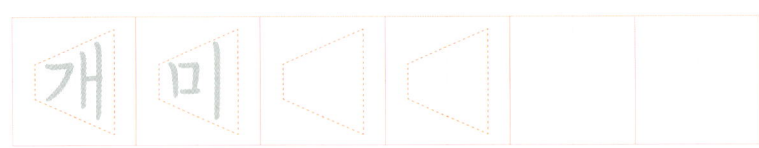

1. 문제를 읽고 빈칸을 채워 답을 완성하세요.

   ①  스스로 움직이는 탈것을 말해요.

   　　　|　|동|　|

   ② 키가 큰 사람을 말해요. '○○○ 아저씨'.

   ③  물건을 파는 상점을 말해요. '구멍○○'.

2. 불러 주는 말을 잘 듣고, 빈칸에 받아쓰세요.

 # 사다리꼴 글자 쓰기 ②

받침 없는 글자 중에서 '고', '초', '프'처럼 모음이 자음의 아래쪽에 있는 글자는 사다리꼴에 맞추어 쓰세요. 모음 ㅗ, ㅛ, ㅡ가 오는 글자들이지요.

위의 예시를 보면 위쪽 자음의 폭이 아래쪽 모음의 폭보다 좁지요? 위의 자음이 더 크면 가분수처럼 불안해 보이기 때문에 조금 작게 쓰는 것이에요. 그렇다고 모음의 가로획을 너무 길게 긋지는 말고, 자음의 폭보다 조금만 더 길게 그으면 됩니다. 또 이 가로획은 글자의 바닥이 되니까 비뚤어지지 않도록 곧게 그으세요.

 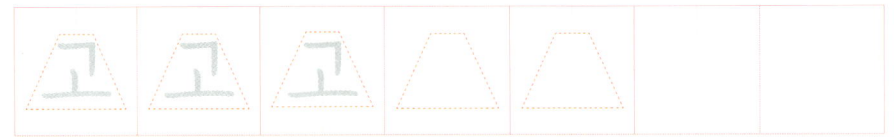

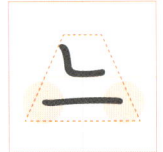 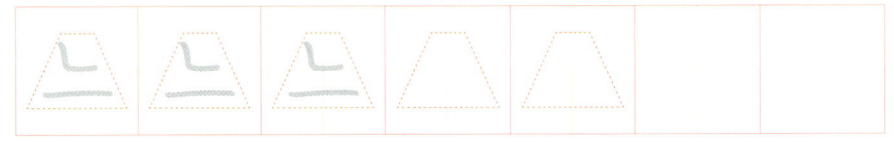

⭐ 아래 가로획을 자음보다 더 길게 그어요.

 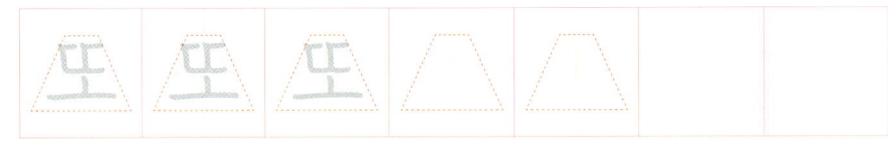

 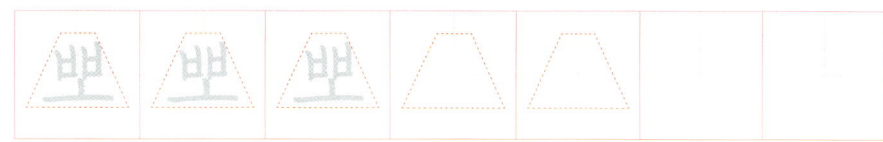

⭐ ㅗ의 세로획은 ㅡ의 가운데 자리하도록 그으세요.

 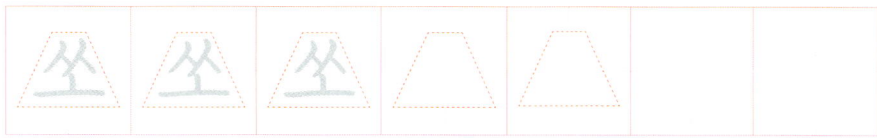

 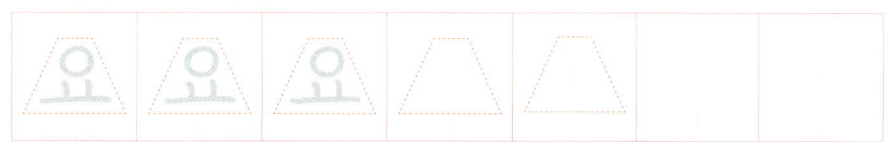

 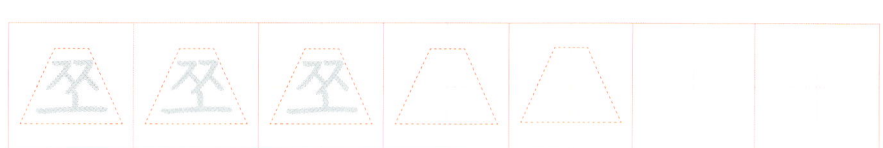

⭐ 쌍자음은 사다리꼴의 양쪽에 균형을 맞춰 쓰세요.

 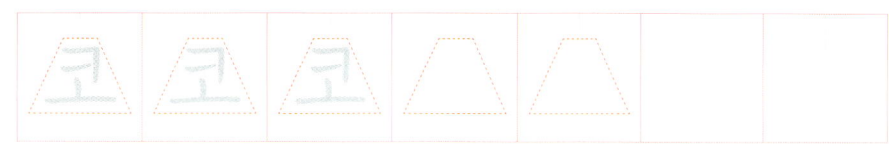

 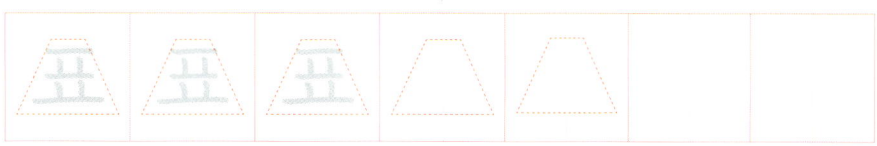

 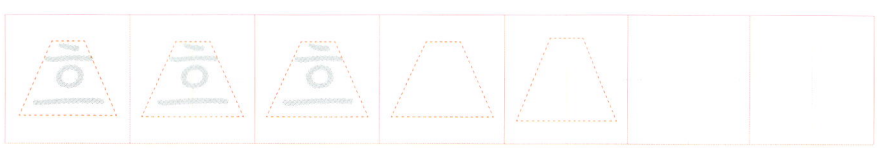

★ 불러 주는 낱말을 들으며 천천히 받아쓰세요.

mp3_03

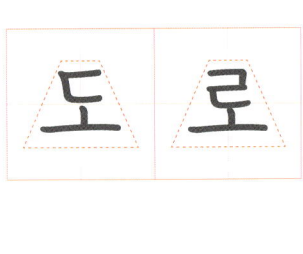

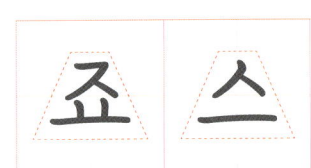
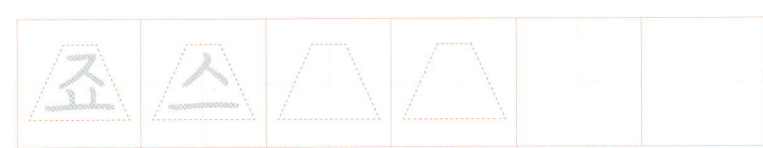

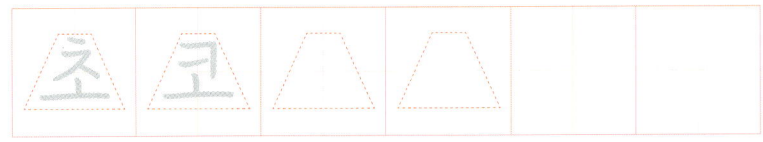

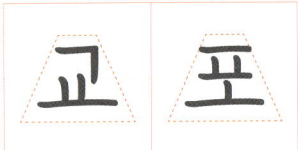
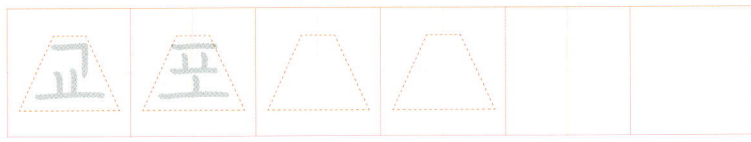

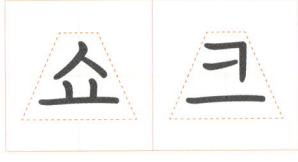
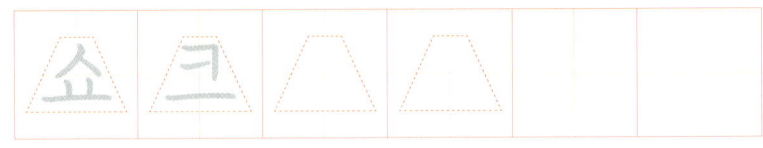

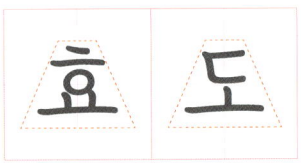
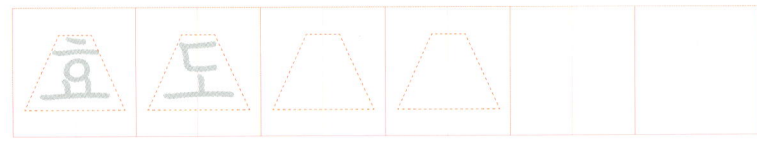

1. 문제를 읽고 빈칸을 채워 답을 완성하세요.

   ①  뜨거운 물이나 우유에 초콜릿이나 코코아 가루를 타서 만든 음료.

   ②  송이로 열리는 여름 과일로 보라빛이 돌아요.

   ③  어떤 장소의 입구에서 표를 파는 곳을 말해요.

2. 불러 주는 말을 잘 듣고, 빈칸에 받아쓰세요.

여섯모꼴 글자 쓰기 ①

받침 없는 글자 중에서 '우', '유'처럼 모음의 세로획이 가로획 아래쪽으로 오는 글자는 여섯모꼴에 맞추어 쓰세요. 모음 ㅜ, ㅠ가 오는 글자들이지요.

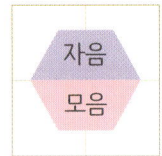  

위의 예시를 보면 가운데 가로획을 중심으로 위아래로 균형 있게 썼어요. 사다리꼴 글자와 마찬가지로 위쪽 자음을 너무 크게 쓰면 가분수처럼 불안해 보이기 때문에 조금 작게 써요.

그리고 가운데 가로획을 너무 길게 긋지는 말고, 자음의 폭보다 약간 더 길게 그으면 돼요. 또 이 가로획은 글자의 중심이 되니까 비뚤지 않게 곧게 그으세요.

 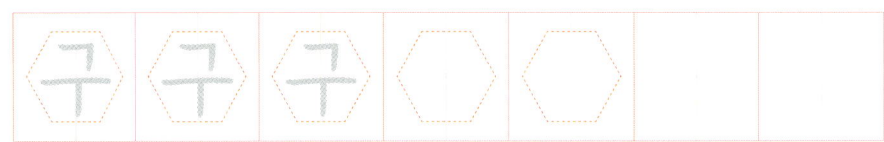

✪ 가운데 가로획을 칸의 중심에 맞춰 쓰세요.

 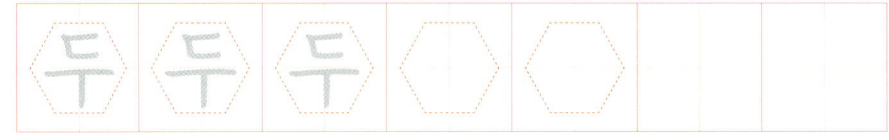

 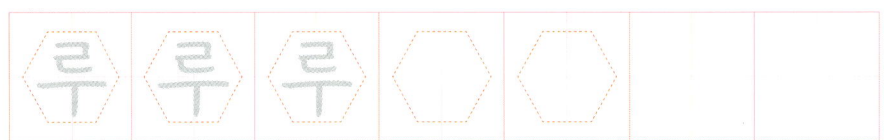

✪ 자음과 모음의 가로획을 곧고 평행이 되게 그으세요.

 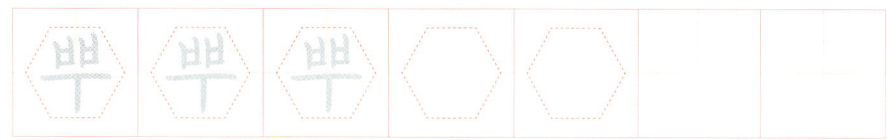

⭐ 가로획과 세로획이 맞닿는 부분이 직각이 되도록 획을 반듯하게 그으세요.

 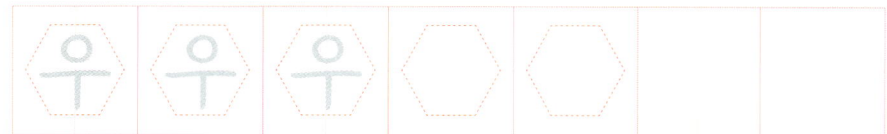

⭐ ㅊ이나 ㅎ의 첫 획은 약간 눕혀서 쓰세요.

 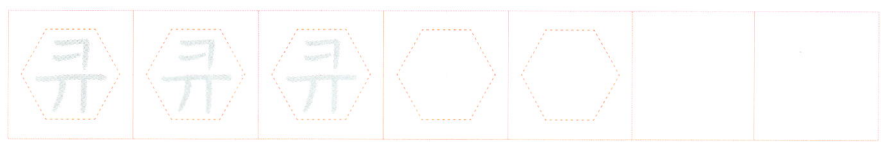

 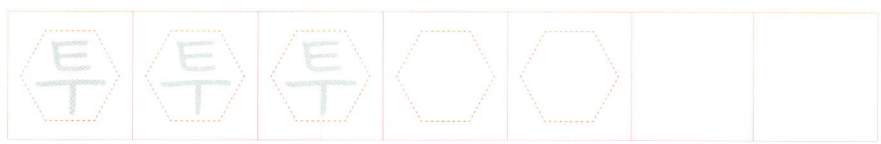

 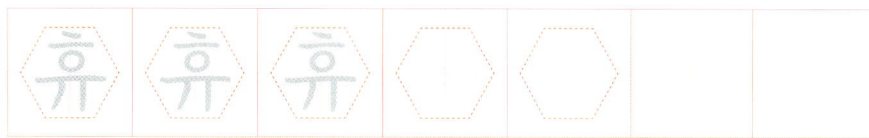

불러 주는 낱말을 들으며 천천히 받아쓰세요.

mp3_05

누	구	누	구				
두	루	두	루				
우	유	우	유				
구	두	구	두				
후	추	후	추				
주	류	주	류				
투	구	투	구				

mp3_06

1. 문제를 읽고 빈칸을 채워 답을 완성하세요.

   ①  콩을 갈아서 우유처럼 만든 음료예요.

   ②  신발의 한 종류로, 주로 가죽을 재료로 만들어요.

   ③  지구와 태양, 모든 별들이 있는 드넓은 공간을 말해요.

2. 불러 주는 말을 잘 듣고, 빈칸에 받아쓰세요.

 ## 여섯모꼴 글자 쓰기 ②

받침 있는 글자 중에서 '공', '똥'처럼 모음의 한가운데 가로획이 길게 있는 글자는 여섯모꼴에 맞춰 쓰세요. 모음 ㅗ, ㅛ나 ㅜ, ㅠ, ㅡ가 오는 글자들이지요.

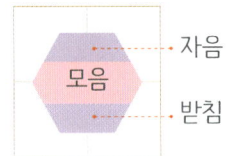  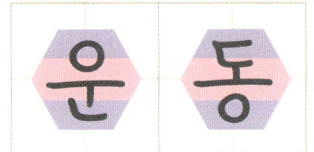

위의 예시를 보면 가운데 가로획을 중심으로 위아래를 균형 있게 썼어요. 위쪽 자음이나 아래쪽 받침을 비슷한 크기로 쓰도록 노력해 보세요.

앞서 배운 받침이 없는 여섯모꼴 글자와 마찬가지로 모음의 가로획을 약간 더 길게 그으면 되는데, 이 가로획은 글자의 중심이니까 곧게 그으세요.

 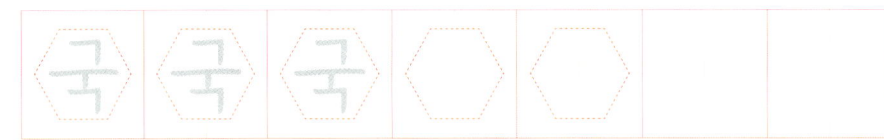

 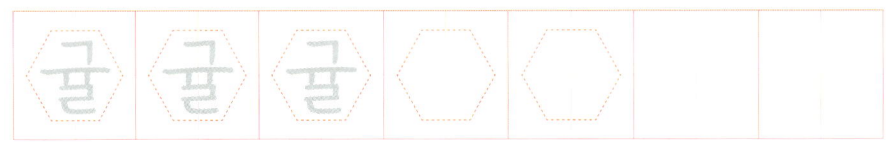

⭐ 가로획을 평행하고 반듯하게 그으세요.

 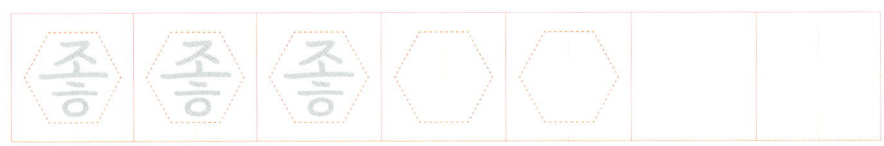

⭐ 받침으로 쓰이는 ㅎ이나 ㅊ의 첫 획은 눕혀서 쓰세요.

 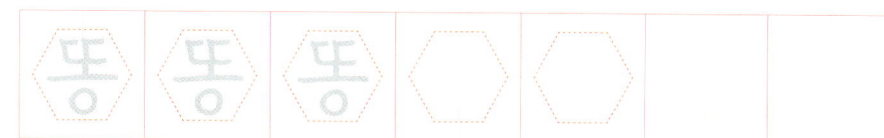

 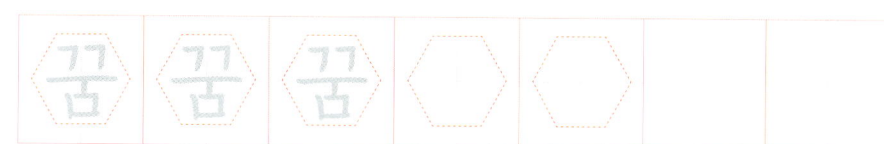

⭐ 모음과 받침을 맞닿게 쓰되, 밖으로 삐져나오지 않도록 하세요.

 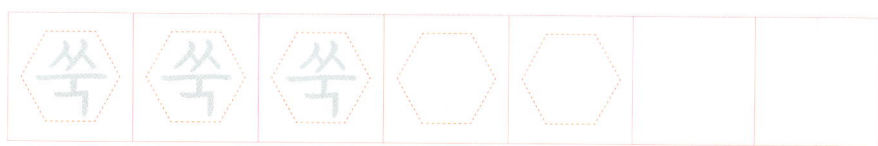

 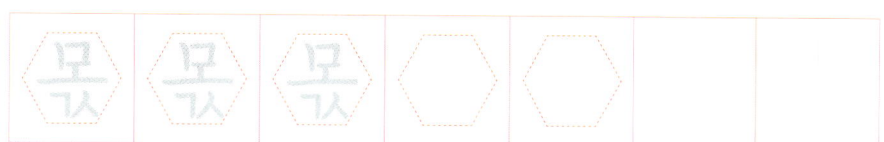

⭐ 받침에 자음이 두 개일 경우에도 자음 하나의 자리를 나누어 써야 해요.

 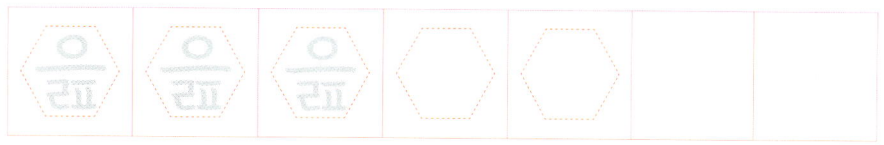

 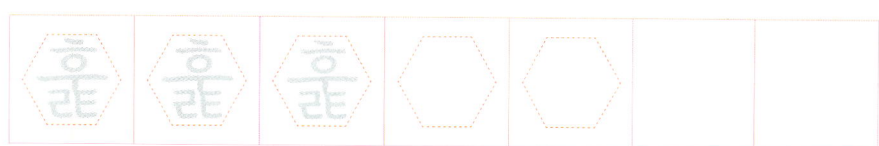

⭐ 받침 있는 글자에서는 ㅎ의 첫 획을 눕혀서 쓰세요.

 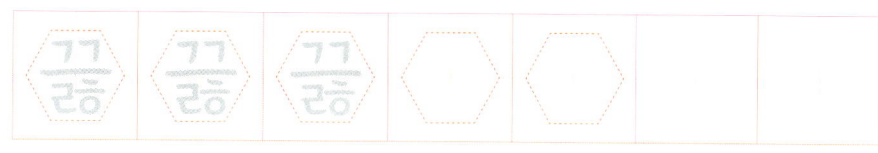

★ 불러 주는 낱말을 들으며 천천히 받아쓰세요.

mp3_07

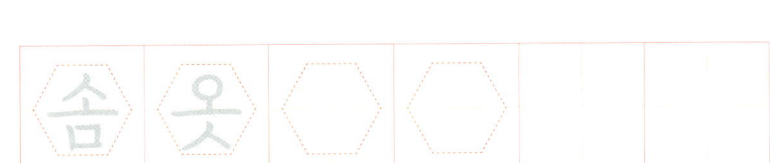

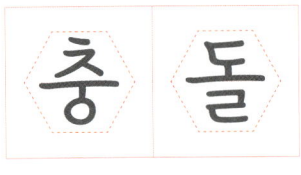
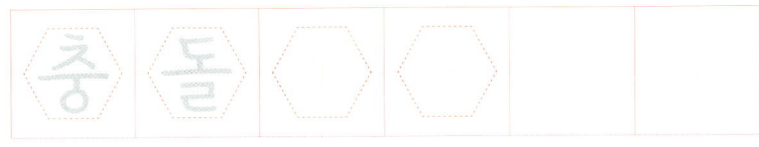

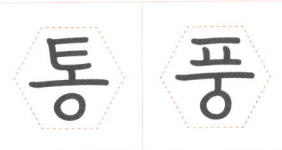
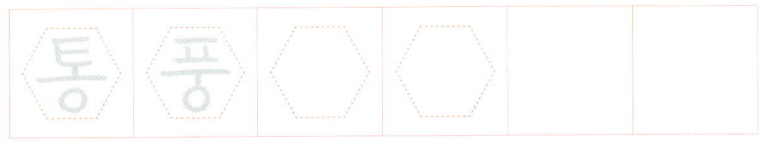

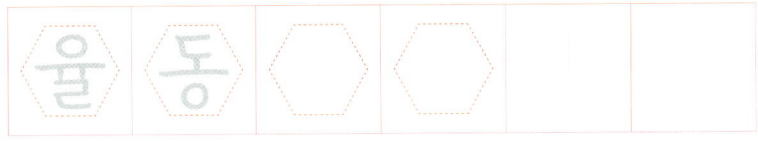

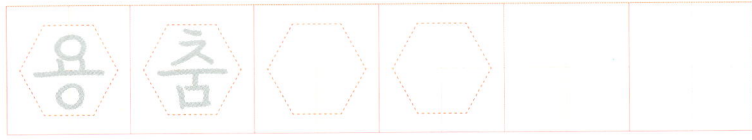

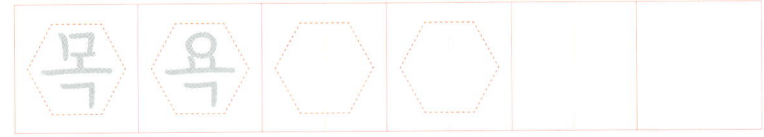

1. 문제를 읽고 빈칸을 채워 답을 완성하세요.

    ❶  건강을 위해 몸을 움직이는 것을 말해요.

    ❷  미역처럼 물속이나 물가에 자라는 풀을 말해요.

    ❸  북극에서 사는 곰이에요. 온몸에 흰 털이 나 있어요.

2. 불러 주는 말을 잘 듣고, 빈칸에 받아쓰세요.

    ❶

    ❷

    ❸

DAY 10 네모꼴 글자 쓰기

받침이 있는 글자는 대부분 네모 모양에 맞추어 쓰면 돼요. 아래 예시를 보면 자음과 모음 받침의 위치와 크기를 잘 알 수 있어요.

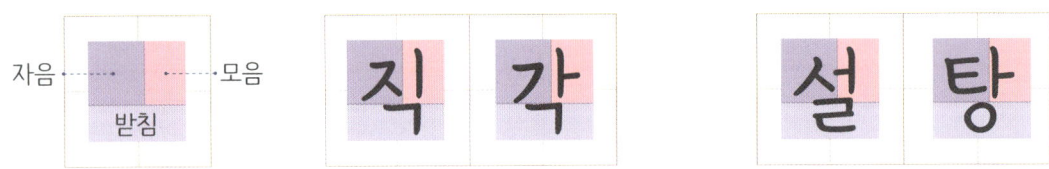

위의 예시를 보면 자음을 쓸 때 위치에 따라 자음의 모양이 조금 달라지는 것을 알 수 있어요. '각'의 첫 자리에 쓴 ㄱ과 받침에 쓴 ㄱ은 모양이 다르지요?
그리고 받침자에는 자음 두 개를 쓰기도 하는데, 쌍자음 외에도 ㄳ, ㄵ, ㄶ, ㄺ, ㄻ, ㄼ, ㄽ, ㄾ, ㄿ, ㅀ, ㅄ이 있어요. 함께 연습해 봅시다.

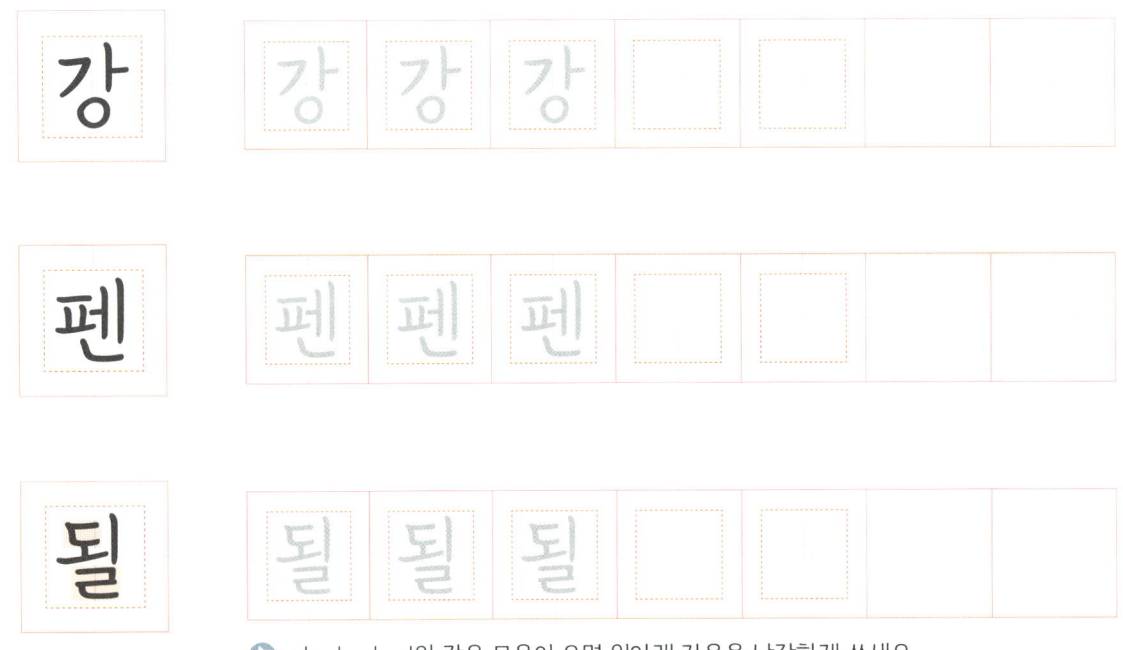

⭐ ㅚ, ㅘ, ㅟ, ㅝ와 같은 모음이 오면 위아래 자음을 납작하게 쓰세요.

✪ 자음 두 개가 받침으로 쓰이는 경우에도 자음 하나의 자리를 나누어 써요.

✪ 받침에 ㅎ을 쓸 때는 위쪽에 있는 획과 닿지 않도록 ㅎ의 첫 획을 눕혀서 쓰세요.

 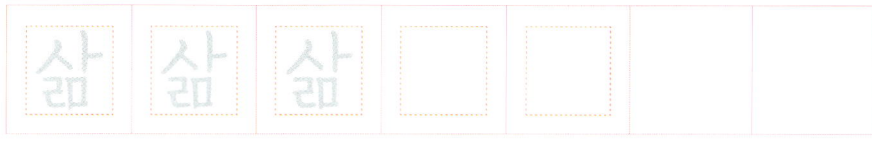

✪ 가로획과 세로획이 많을 때는 획끼리 평행하도록 반듯하게 그으세요.

★ 불러 주는 낱말을 들으며 천천히 받아쓰세요.

mp3_09

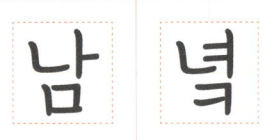 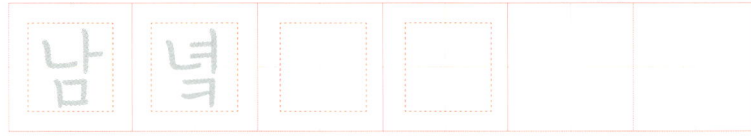

 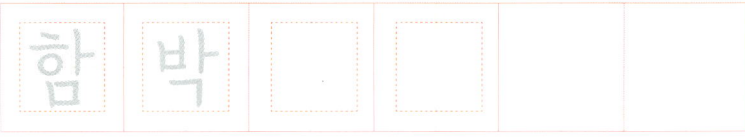

1. 문제를 읽고 빈칸을 채워 답을 완성하세요.

   ① 색을 칠할 때 쓰는 연필이에요.

   ② 팥소를 넣어 만든 달콤한 빵이에요.

   ③ 딸기로 만든 잼이에요.

2. 불러 주는 말을 잘 듣고, 빈칸에 받아쓰세요.

재미잼

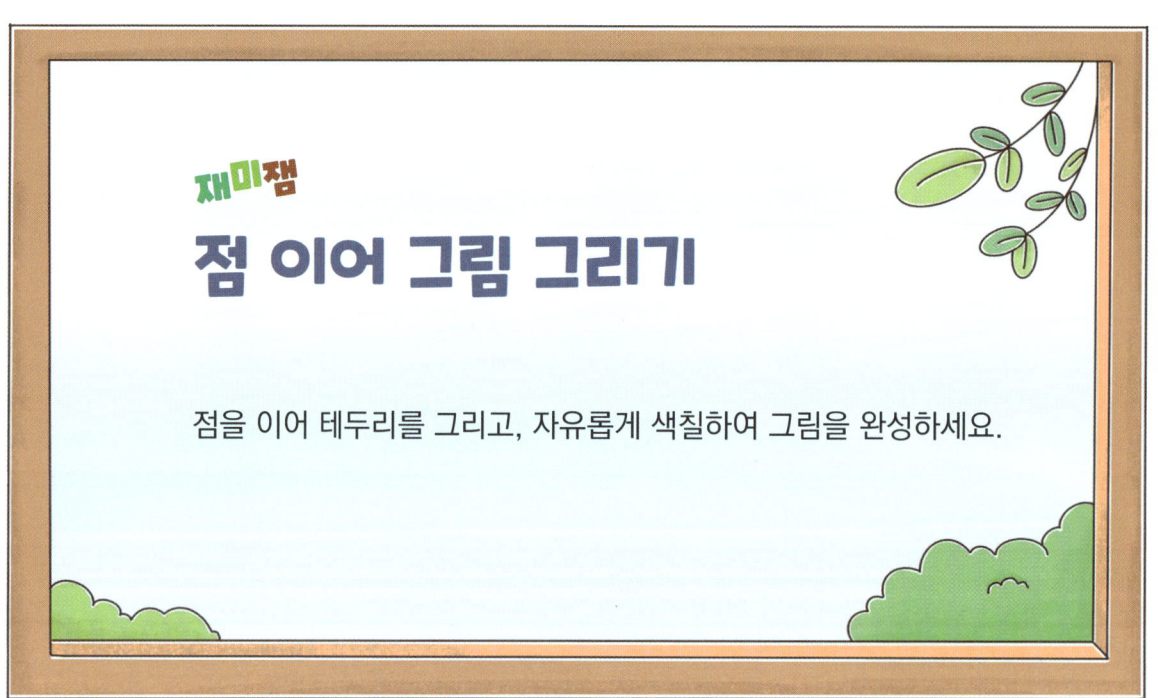

점 이어 그림 그리기

점을 이어 테두리를 그리고, 자유롭게 색칠하여 그림을 완성하세요.

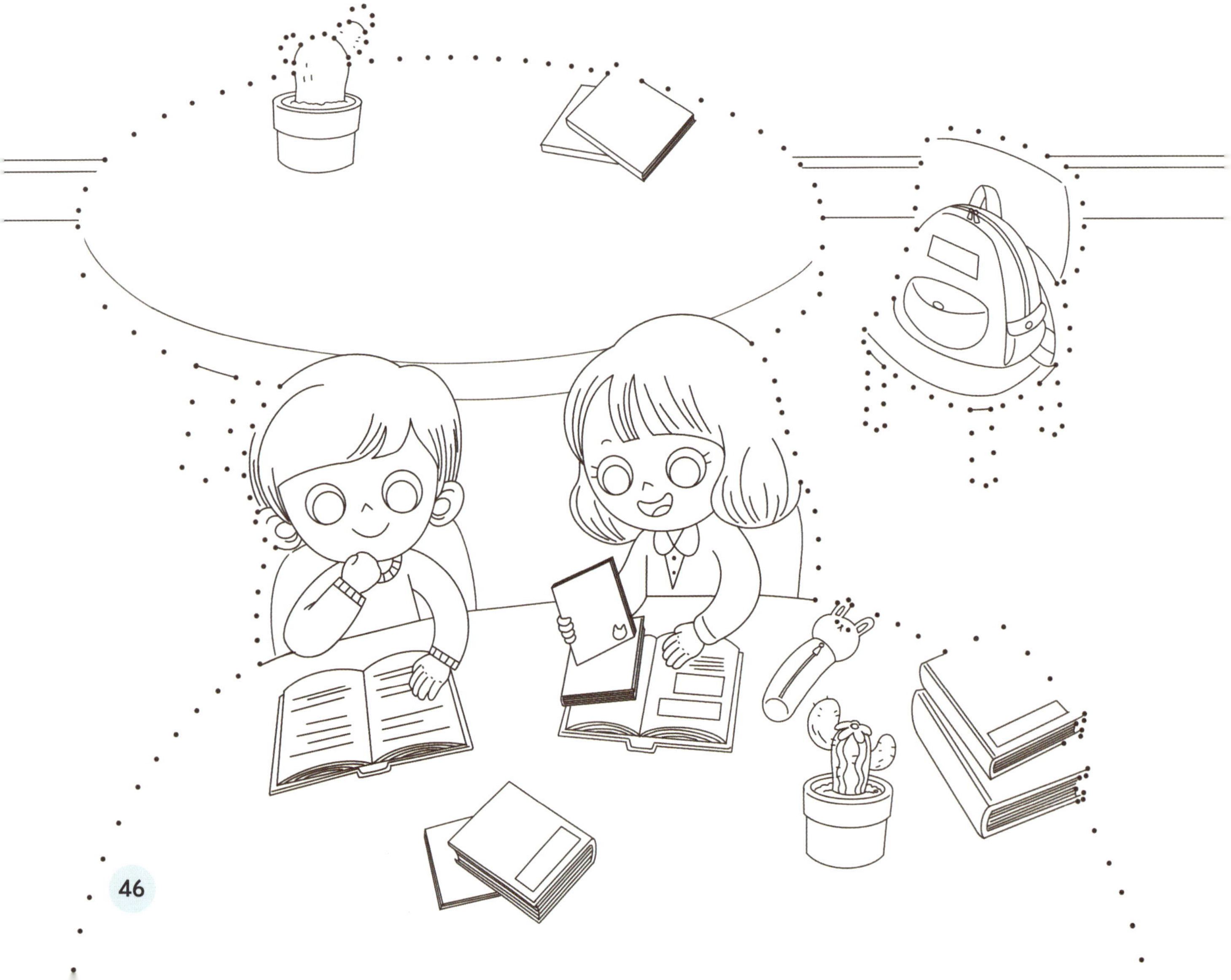

3장

모양 맞춰 낱말 쓰기

학습 목표

이번에는 교과서에 자주 나오는 낱말로 연습해 봐요. 낱말의 뜻을 이해하면서 바르게 써 보세요. 글씨 연습을 할 때는 글자의 모양을 생각해서 자음과 모음의 균형을 잘 맞추고, 글자끼리 크기를 고르게 맞춰 쓰는 것이 중요해요.

학습 목차

- ★ DAY 11 봄 낱말 쓰기
- ★ DAY 12 여름 낱말 쓰기
- ★ DAY 13 가을 낱말 쓰기
- ★ DAY 14 겨울 낱말 쓰기
- ★ DAY 15 자연 낱말 쓰기
- ★ 재미잼 끝말 잇기

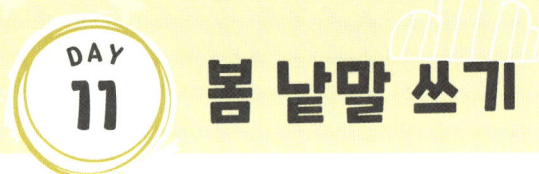

봄 낱말 쓰기

mp3_11

겨울잠 자던 개구리가 깨어나 폴짝폴짝 연못을 뛰어다녀요. 봄이 왔나 봐요. 봄이 오면 빨갛고 노란 꽃들이 산과 들에 피어나요. 손을 잡고 소풍 가는 아이들의 얼굴엔 꽃만큼 예쁜 함박웃음이 피어나요. '봄' 하면 떠오르는 낱말을 써 보세요.

✪ 가로획을 곧게 잘 그으세요. 글자 전체가 반듯해져요.

✪ 봄이 되면 산으로, 들로 소풍을 가요.

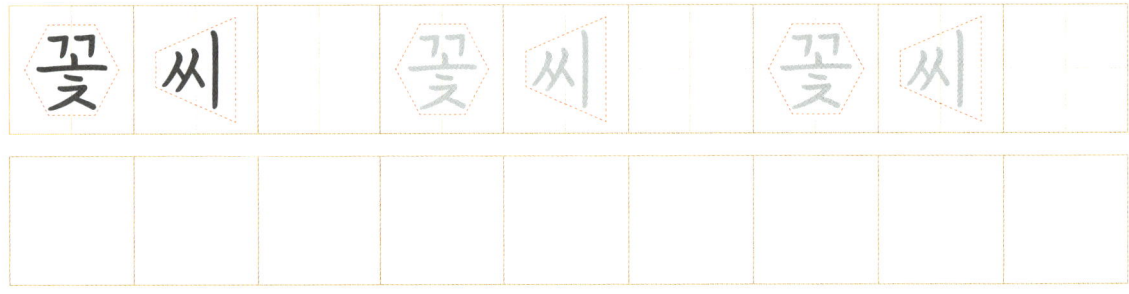

✪ 쌍자음이 있을 때는 첫 자음을 너무 크지 않게 쓰세요.

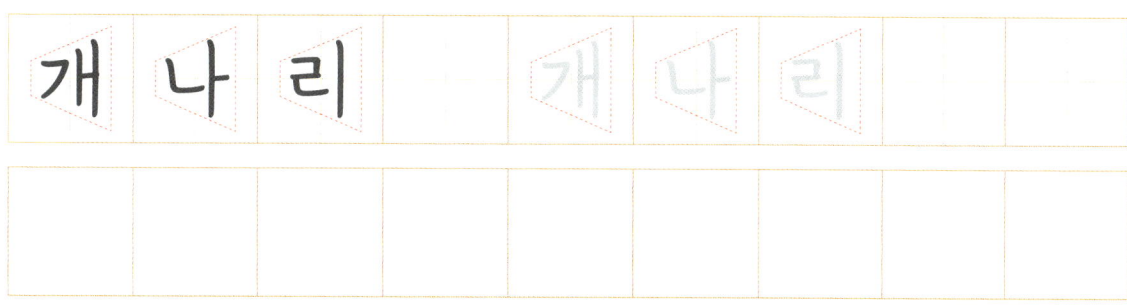

⭐ 벼의 싹을 논에 옮겨 심는 일을 말해요.

⭐ '들'처럼 가로획이 많을 때는 가로획 사이 공간이 너무 붙지 않도록 쓰세요.

아지랑이

⭐ 봄날 햇빛이 내리쬐는 언덕에 아른아른 피어오르는 것이에요.

보릿고개

⭐ 묵은 곡식은 거의 떨어지고 햇보리는 아직 여물지 않아 먹을 것이 부족한 시기를 말해요.

딸기주스

꽃샘추위

⭐ 이른 봄, 꽃이 필 무렵의 추위를 말해요.

1. 문제를 읽고 빈칸을 채워 답을 완성하세요.

   ①  얇고 넓은 날개로 날아다니며 꽃의 꿀을 먹고 사는 곤충이에요.

   ②  투명한 붉은 빛을 띠는 작고 동그란 모양의 과일이에요.

   ③  경칩이 되면 겨울잠에서 깨어난다고 하는 동물이에요.

2. 불러 주는 말을 잘 듣고, 빈칸에 받아쓰세요.

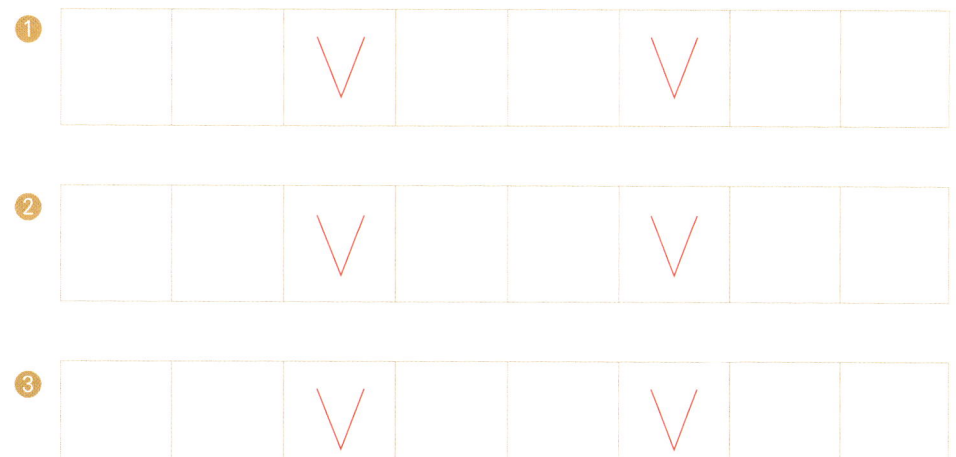

여름 낱말 쓰기

mp3_13

여름이 오면 시원한 바람이 불어오는 계곡으로 놀러가요. 바위 틈에 숨은 가재를 잡고, 친구들과 물장구도 쳐요. 뙤약볕이 내리쬐어도 수박 한 덩이를 먹고 나면 더위는 저만큼 물러가지요. '여름' 하면 떠오르는 낱말을 써 봅시다.

여름   여름   여름

장마   장마   장마

땡볕   땡볕   땡볕

⭐ 획이 많은 글자를 쓸 때는 획이 만나는 곳이 밖으로 삐져나오지 않도록 주의하세요.

무 지 개   무 지 개

⭐ 획이 적은 글자를 쓸 때는 첫 자음을 너무 작지 않게 쓰세요.

복 숭 아   복 숭 아

팥 빙 수   팥 빙 수

⭐ 곱게 간 얼음 위에 단팥을 올린 시원한 간식이에요.

물 망 초   물 망 초

⭐ '나를 잊지 말아요'라는 꽃말에서 이름 붙여진 꽃이에요.

느티나무　　느티나무

🌟 봄날 햇빛이 내리쬐는 언덕에 아른아른 피어오르는 것이에요.

해바라기　　해바라기

🌟 해를 바라보며 자란다고 해서 이름 붙여진 꽃이에요.

해수욕장　　해수욕장

칠월칠석　　칠월칠석

🌟 음력 7월 7일 밤을 말해요. 견우와 직녀가 오작교에서 만난다는 옛이야기가 있어요.

1. 문제를 읽고 빈칸을 채워 답을 완성하세요.

   ❶  초록 바탕에 검은 줄무늬가 있는 여름 과일이에요.

   ❷  갑자기 쏟아지다 그치는 비예요. 여름에 자주 내려요.

   ❸  물가에서 물장구를 치거나, 물속에서 수영을 하는 것을 말해요.

2. 불러 주는 말을 잘 듣고, 빈칸에 받아쓰세요.

가을 낱말 쓰기

mp3_15

가을이 오면 들판마다 잘 익은 벼들로 황금빛이 넘실대요. 농부 아저씨들도 추수를 하느라 한창 바쁘지요. 추석에는 맛있는 송편을 먹고, 휘영청 뜬 보름달 아래서 강강술래를 하고 달 구경을 하지요. '가을' 하면 떠오르는 낱말을 써 봅시다.

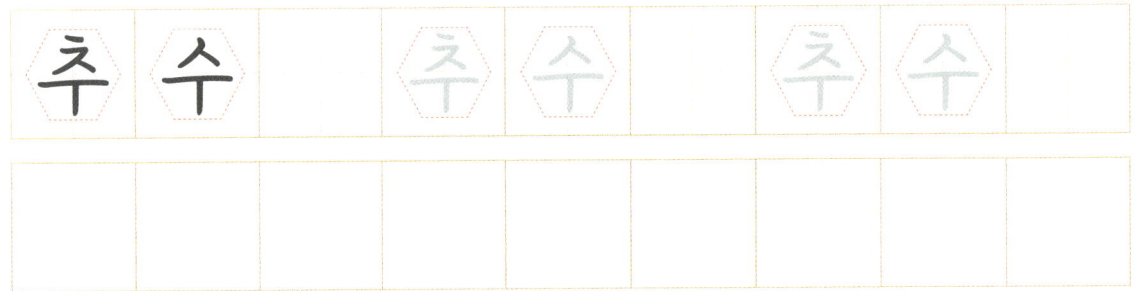

⭐ ㅜ, ㅠ와 같은 모음이 올 때는 ㅊ을 조금 납작하게 쓰세요.

⭐ 가을이 되면 푸른 잎이 빨갛고 노랗게 물들지요.

한 가 위   한 가 위

○ '추석'과 같은 말이에요. 음력 팔월 보름날에 지내는 큰 명절이지요.

보 름 달   보 름 달

운 동 회   운 동 회

○ ㅚ, ㅐ, ㅝ, ㅞ 등의 모음이 들어간 글자는 네모꼴에 맞춰서 쓰세요.

설 악 산   설 악 산

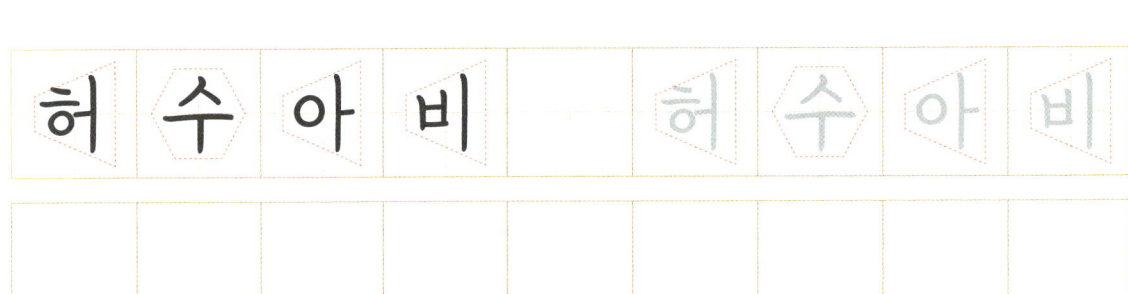

⭐ 논밭에 여무는 곡식을 해치는 참새나 들짐승을 쫓기 위해 짚을 묶어 사람처럼 만들어 놓은 것이에요.

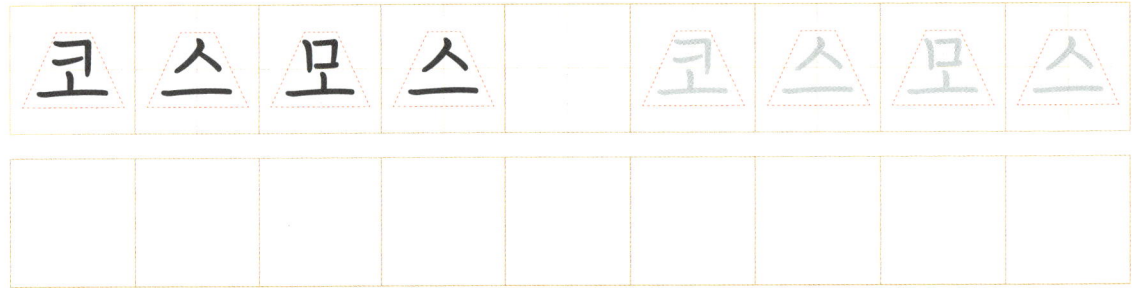

⭐ 사다리꼴 모양 글자가 이어질 때는 아래쪽 각으로 획이 곧게 이어지도록 쓰세요.

⭐ 모두 받침자가 있는 글자를 쓸 때는 중심선이 가로로 곧게 이어지도록 쓰세요.

1. 문제를 읽고 빈칸을 채워 답을 완성하세요.

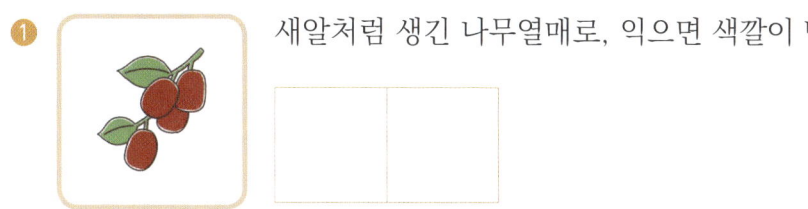

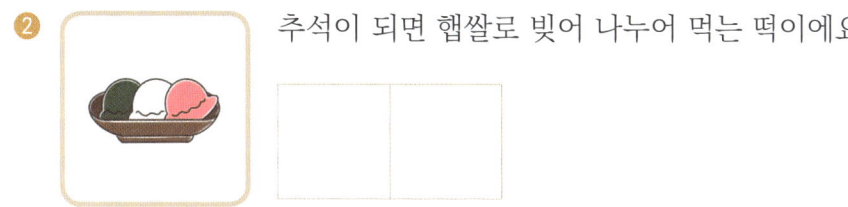

2. 불러 주는 말을 잘 듣고, 빈칸에 받아쓰세요.

DAY 14 겨울 낱말 쓰기

mp3_17

겨울이 오면 펑펑 내리는 함박눈을 맞으며 친구들과 눈싸움을 하고, 썰매도 타요. 집 앞에는 눈사람을 만들어 세워 두어요. 또 따뜻한 아랫목에 앉아 할머니와 함께 귤을 먹으며 두런두런 이야기를 나누어요. '겨울' 하면 떠오르는 낱말을 써 봅시다.

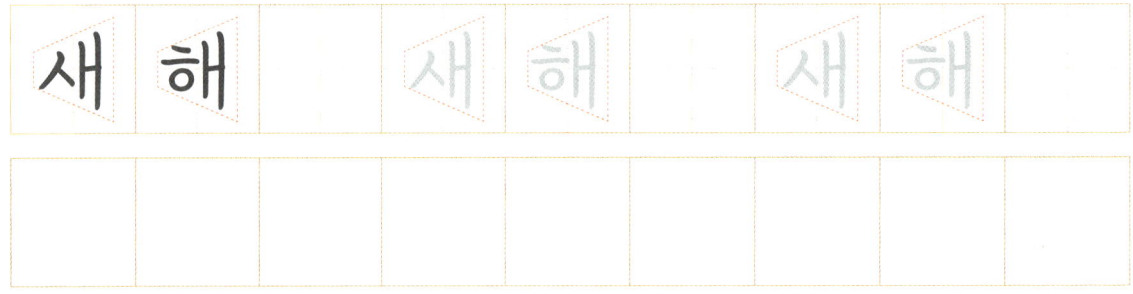

⭐ 앞뒤 글자에 똑같은 받침이 있을 때는 크기와 높이를 일정하게 맞춰 쓰세요.

| 함 | 박 | 눈 | | 함 | 박 | 눈 | | |

⭐ ㅎ을 쓸 때 첫 획을 너무 낮게 쓰지 않도록 주의하세요.

| 동 | 백 | 꽃 | | 동 | 백 | 꽃 | | |

| 세 | 뱃 | 돈 | | 세 | 뱃 | 돈 | | |

| 눈 | 송 | 이 | | 눈 | 송 | 이 | | |

 세로로 된 모음이 어어질 때는 세로획을 평행하게 그으세요.

 예수님이 태어난 날을 축하하는 날이에요.

1. 문제를 읽고 빈칸을 채워 답을 완성하세요.

   ①  가래떡을 썰어 끓인 음식이에요. 새해 첫날 먹어요.

   ②  눈이나 얼음판 위에서 미끄럼을 타고 노는 놀잇감이에요.

   ③  겨울 추위를 이겨내고 빨갛고 소담한 꽃을 피워요.

2. 불러 주는 말을 잘 듣고, 빈칸에 받아쓰세요.

DAY 15 자연 낱말 쓰기

mp3_19

우리 곁에 있는 아름다운 산과 들, 저 높이 떠 있는 달과 별은 보기만 해도 우리에게 편안한 휴식을 줍니다. 자연과 관련된 낱말을 써 봅시다.

⭐ '늘'처럼 가로획이 많은 글자는 가로획만 곧게 잘 그어도 글자 전체가 반듯해 보여요.

⭐ ㅇ을 쓸 때는 동그라미의 처음과 끝이 맞닿도록 그으세요.

천둥

🟢 하늘에서 번개가 치고 우르릉 쾅쾅 하고 소리가 나는 것을 말해요.

우박

🟢 공기 중의 물방울이 갑자기 얼음덩어리가 되어 떨어지는 것을 말해요.

보름달

별자리

블랙홀 블랙홀

오로라 오로라

진눈깨비 진눈깨비

✪ 작은 눈송이에 비가 섞여 내리는 것을 말해요.

북두칠성 북두칠성

✪ 북쪽 하늘에 반짝이는 일곱 개의 별을 말해요.

1. 문제를 읽고 빈칸을 채워 답을 완성하세요.

   ❶ 남쪽에서 불어오는 바람을 뜻하는 순우리말이에요.

   ❷ 수많은 별들이 강처럼 길게 늘여져 은빛으로 반짝이는 것을 말해요.

   ❸ 구름끼리 부딪혀서 번쩍이는 불빛을 말해요.

2. 불러 주는 말을 잘 듣고, 빈칸에 받아쓰세요.

4장

줄 맞춰 문장 쓰기 ①

학습 목표

이번에는 낱말을 이어 만든 문장을 써 봐요. 문장을 쓸 때는 글자 크기를 일정하게 맞추고, 띄어쓰기를 바르게 하는 것이 기본이에요. 교과서에서 배우는 다양한 속담을 따라 쓰면서 바르게 문장 쓰는 법을 연습해요.

학습 목차

- ★ **DAY 16** 가족과 친구 속담
- ★ **DAY 17** 지혜로운 태도 속담
- ★ **DAY 18** 즐거운 생활 속담
- ★ **DAY 19** 노력의 중요성 속담
- ★ **DAY 20** 신중한 마음가짐 속담
- ★ **재미잼** 수수께끼

DAY 16 가족과 친구 속담

백지장도 맞들면 낫다

⭐ 종이 한 장을 들 때도 여럿이 함께 들면 힘이 덜 들겠지요. 이처럼 쉬운 일이라도 서로 힘을 모으면 더 쉽게 해낼 수 있어요. '백지장'은 하얀 종이의 낱장을 말하는 것으로, 여기에서는 쉽고 가벼운 일을 말해요.

백	지	장	도	V	맞	들	면	V	낫	다
백	지	장	도	V	맞	들	면	V	낫	다
				V				V		

가재는 게 편

⭐ 가재와 게는 생김이나 사는 모습이 비슷해요. 모습이나 형편이 비슷한 사람들끼리는 서로 사정을 보아주며 감싸 주기 쉽다는 뜻의 속담이에요. 비슷한 말로 '같은 무리끼리 서로 사귄다, 유유상종(類類相從)'이라는 사자성어가 있어요.

가	재	는	V	게	V	편			
가	재	는	V	게	V	편			
			V		V				
			V		V				

병 주고 약 준다

★ 병을 나게 한 뒤에 약을 주어봤자 무슨 소용이겠어요. 이처럼 남을 해치고 나서 다시 돕는 척하는 행동은 남에게도 자신에게도 조금도 도움이 되지 않아요.

병	V	주	고	V	약	V	준	다		
병	V	주	고	V	약	V	준	다		
	V			V		V				

열 손가락 깨물어 안 아픈 손가락이 없다

★ 열 손가락을 깨물었을 때 안 아픈 손가락이 있을까요? 부모님에게 우리 자식들은 그런 존재예요. 한 명, 한 명 모두 소중하지요.

열	V	손	가	락	V	깨	물	어	V	안	V
아	픈	V	손	가	락	이	V	없	다		
	V				V			V		V	
		V				V					

방귀 뀐 놈이 성낸다

⭐ 자기가 방귀를 뀌고 오히려 다른 사람에게 화를 낸다면 정말 이해가 되지 않겠지요? 이 속담은 잘못을 저지른 쪽이 오히려 남에게 성내는 경우에 씁니다. 비슷한 말로 '도둑이 도리어 매를 든다, 적반하장(賊反荷杖)'이라는 사자성어가 있어요.

방	귀	V	뀐	V	놈	이	V	성	낸	다
방	귀	V	뀐	V	놈	이	V	성	낸	다
		V		V			V			

가지 많은 나무에 바람 잘 날 없다

⭐ 가지가 많은 나무는 열매가 많이 열려서 좋을 것 같지만 열매가 열리기까지 작은 바람에도 잎이 흔들리지요. 여기서 '바람이 자다'라는 것은 바람이 자는 것처럼 잔잔해지는 것을 말해요. 이 속담은 부모님을 나무에, 자식들을 가지에 비유한 것이에요.

가	지	V	많	은	V	나	무	에	V	바	람	V
잘	V	날	V	없	다							
		V			V				V			V
		V			V							

1. 빈칸을 채우고 앞 부분과 뒷부분을 이어 속담을 완성하세요.

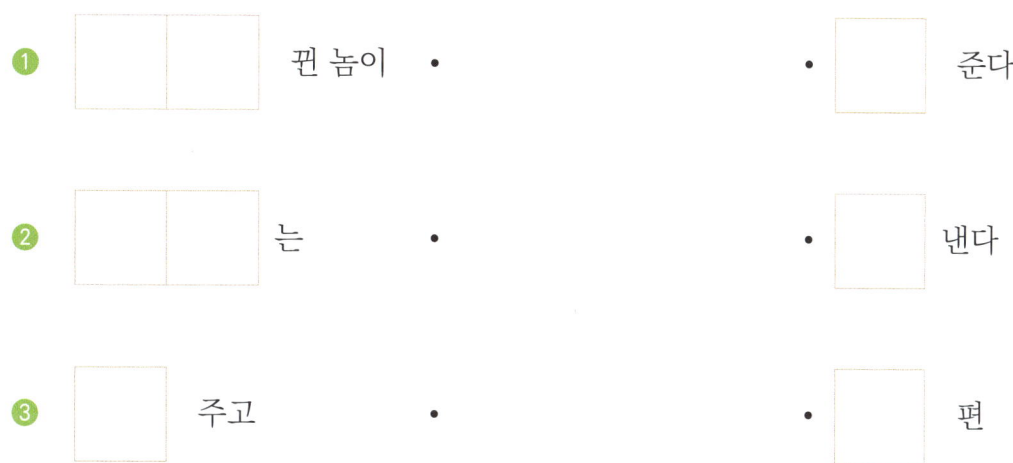

2. 불러 주는 말을 잘 듣고, 띄어쓰기에 유의하며 받아쓰세요.

DAY 17 지혜로운 태도 속담

달걀로 바위 치기

⭐ 달걀로 바위를 깨부술 수 있을까요? 양쪽의 실력 차가 너무 커서 아무리 겨루어도 도저히 이길 수 없다는 뜻으로 쓰는 속담이에요. 사자성어로는 '이란투석(以卵投石)'이라고 해요.

달	걀	로	V	바	위	V	치	기		
달	걀	로	V	바	위	V	치	기		
			V			V				

하늘이 무너져도 솟아날 구멍이 있다

⭐ 하늘이 무너진다면 누구도 살아남지 못할 것 같지만, 그래도 살아남을 방법은 있어요. 이 속담은 아무리 어려운 일이 닥치더라도 살아나갈 방도가 있다고 격려할 때 씁니다.

하	늘	이	V	무	너	져	도	V	솟	아	날	V
구	멍	이	V	있	다							
			V					V				V
			V									

도둑이 제 발 저리다

⭐ 잘못을 저지르면 마음이 조마조마하고 어쩔 줄 모르게 됩니다. 이 속담처럼 발이 저리기도 하겠지요? 이처럼 지은 죄가 있으면 자연히 마음이 조마조마하여짐을 비유하여 이르는 말입니다. '제'라는 말은 '자기의'라는 뜻입니다.

도	둑	이	V	제	V	발	V	저	리	다
도	둑	이	V	제	V	발	V	저	리	다
			V		V		V			

콩 심은 데 콩 나고 팥 심은 데 팥 난다

⭐ 콩을 심으면 콩이 나고, 팥을 심으면 팥이 열리겠지요? 이 속담은 모든 일은 근본에 따라 그에 걸맞은 결과가 나타나는 것을 식물에 비유한 것이에요. 사자성어로는 '종두득두(種豆得豆)'라고 하는데, '콩을 심으면 콩을 얻는다'라는 뜻이에요.

콩	V	심	은	V	데	V	콩	V	나	고	V
팥	V	심	은	V	데	V	팥	V	난	다	
	V			V		V		V			V
	V			V		V		V			

목마른 사람이 우물 판다

⭐ 평소에는 엄마가 차려 주신 간식을 먹지만, 너무 배가 고플 때는 엄마가 주시기 전에 자기가 먼저 간식을 찾아 먹지요? 이처럼 무엇을 필요로 하는 사람이 그 일을 서둘러 하게 될 때 이 속담을 씁니다.

목	마	른	V	사	람	이	V	우	물	V	판
다											
			V				V			V	

길고 짧은 것은 대어 보아야 안다

⭐ 토끼와 거북이의 경주 이야기에서처럼 누가 달리기 시합에서 이길지는 실제로 경주를 해 보아야 알 수 있겠죠? 이 속담은 크고 작고, 이기고 지고, 잘하고 못하는 것은 실제로 겨루어 보거나 겪어 보아야 알 수 있다는 뜻으로 씁니다.

길	고	V	짧	은	V	것	은	V	대	어	V
보	아	야	V	안	다						
		V			V			V			V
		V									

1. 빈칸을 채우고 앞 부분과 뒷부분을 이어 속담을 완성하세요.

2. 불러 주는 말을 잘 듣고, 띄어쓰기에 유의하며 받아쓰세요.

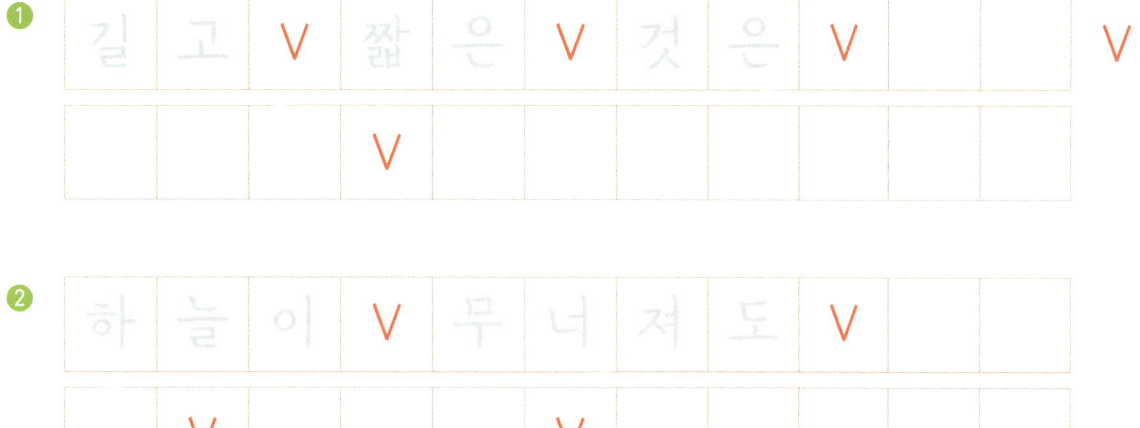

DAY 18 즐거운 생활 속담

소 잃고 외양간 고친다

⭐ 미리 외양간을 고치지 않았다가 소를 잃어버렸다면 뒤늦게 외양간을 고친들 무슨 소용이 있겠어요. 이처럼 일이 이미 잘못된 뒤에는 손을 써도 소용이 없다는 뜻으로 쓰는 속담입니다. 하지만 늦었더라도 나중을 위해서는 고치는 것이 좋겠지요? '외양간'은 말이나 소를 가두어 기르는 곳을 말해요.

소	V	잃고	V	외	양	간	V	고	친	다
소	V	잃고	V	외	양	간	V	고	친	다
	V		V				V			

원숭이도 나무에서 떨어진다

⭐ 원숭이는 나무 타기를 정말 잘해요. 하지만 가끔은 실수로 나무에서 떨어지기도 해요. 아무리 익숙하고 잘하는 사람이라도 실수할 때가 있다는 뜻으로 쓰는 속담입니다.

원	숭	이	도	V	나	무	에	서	V	떨	어
진	다										
				V					V		

고래 싸움에 새우 등 터진다

⭐ 고래가 싸우는데 옆을 지나던 새우가 싸움에 휘말려 고생을 하네요. 이처럼 강한 자들의 싸움에 휘말려 아무 상관도 없는 약자가 피해를 보게 되는 경우에 쓰는 속담입니다. 여기서 고래는 강한 자를, 새우는 약한 자를 비유합니다.

고	래	V	싸	움	에	V	새	우	V	등	V
터	진	다									
		V			V			V		V	

닭 잡아먹고 오리 발 내놓기

⭐ 몰래 닭을 잡아먹은 사람이 거짓말로 오리를 먹었다며 그 증거로 오리발을 내밀면 얼마나 황당하겠어요? 이 속담은 옳지 못한 일을 저질러 놓고 엉뚱한 행동으로 속여 넘기려 한다는 뜻이에요.

닭	V	잡	아	먹	고	V	오	리	V	발	V
내	놓	기									
	V					V			V		V

마른하늘에 날벼락

⭐ 벼락은 보통 먹구름이 끼고 비가 올 것 같을 때 치지요. 그런데 맑게 갠 하늘에서 갑자기 벼락이 친다면 얼마나 놀랄까요? 이 속담은 예상하지도 못한 상황에서 뜻밖에 재난을 입는 것을 비유하는 속담입니다. 사자성어로는 '청천벽력(靑天霹靂)'이라고 해요.

마	른	하	늘	에	V	날	벼	락	
마	른	하	늘	에	V	날	벼	락	
					V				

쥐구멍에도 볕 들 날 있다

⭐ 캄캄한 쥐구멍에도 어느 날에는 쨍하고 햇볕이 들어올 날이 있겠지요. 지금은 아무리 고생스러운 시간을 보내더라도 반드시 언젠가는 좋은 때가 올 거라는 뜻으로 쓰는 속담이에요. 주위에 힘들어하는 사람이 있다면 이 속담으로 격려해 주세요.

쥐	구	멍	에	도	V	볕	V	들	V	날	V
있	다										
						V		V		V	V

1. 빈칸을 채우고 앞 부분과 뒷부분을 이어 속담을 완성하세요.

2. 불러 주는 말을 잘 듣고, 띄어쓰기에 유의하며 받아쓰세요.

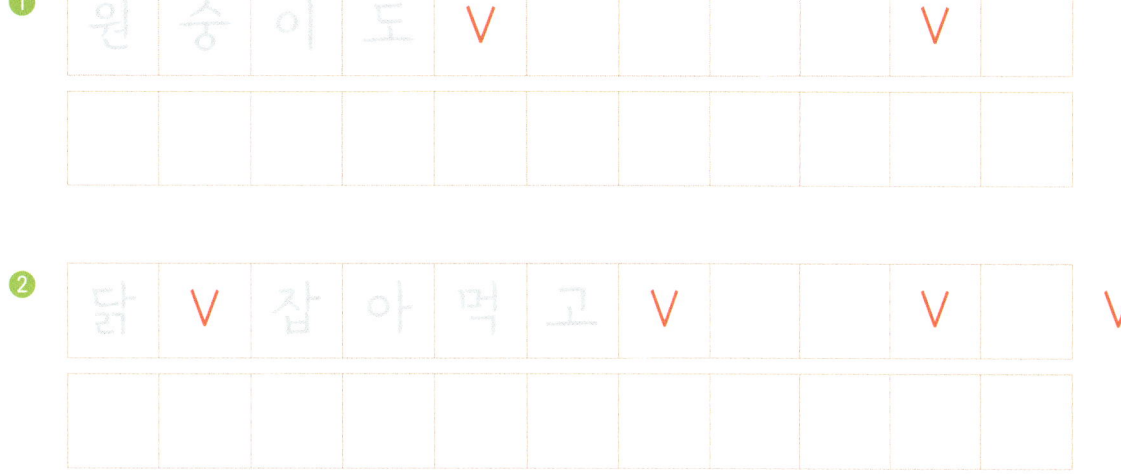

DAY 19 노력의 중요성 속담

공든 탑이 무너지랴

⭐ 하나씩 하나씩 돌을 골라 탑을 쌓으면 튼튼해서 무너지지 않을 거예요. 이처럼 정성을 다한 일은 그 결과가 반드시 좋을 거라는 뜻으로 쓰는 속담입니다. '공들이다'라는 '정성과 노력을 들여서 무엇을 하는 모습'을 말해요.

공	든	V	탑	이	V	무	너	지	랴
공	든	V	탑	이	V	무	너	지	랴
		V			V				

천 리 길도 한 걸음부터

⭐ 천 리는 400km 정도로 한 번에 도착할 수 없는 아주 먼 거리예요. 하지만 이런 길도 걸음을 떼면 그때부터 시작되는 거예요. 무슨 일이나 그 일의 시작이 중요하다는 뜻으로 쓰는 속담입니다. '높은 곳에 오르려면 낮은 곳에서부터 오른다'라는 뜻의 '등고자비(登高自卑)'라는 사자성어도 비슷한 뜻이에요.

천	V	리	V	길	도	V	한	V	걸	음	부
터											
	V		V			V		V			

우물 안 개구리

⭐ 우물 안에서 나고 자란 개구리 한 마리가 우물이 세상 전부인 줄 알고 잘난 척을 했어요. 이 개구리처럼 이 속담은 넓은 세상의 형편을 알지 못하고 자기의 경험이나 지식을 뽐내는 사람을 이르는 말이에요. 사자성어로 '좌정관천(坐井觀天)'이라고 해요.

우	물	V	안	V	개	구	리			
우	물	V	안	V	개	구	리			
		V		V						

구슬이 서 말이라도 꿰어야 보배

⭐ '말'은 곡식 등의 부피를 재는 단위인데, 세 말이나 되는 귀한 구슬이라도 그냥 둔다면 아무 쓸모가 없겠지요. 실로 꿰어서 목걸이라도 만들어야 값어치가 생기지요. 이 속담은 훌륭하고 좋은 것이라도 다듬고 정리해야 쓸모도 있고 값어치가 있다는 뜻으로 쓰입니다.

구	슬	이	V	서	V	말	이	라	도	V	꿰
어	야	V	보	배							
			V		V					V	
			V								

구르는 돌은 이끼가 안 낀다

⭐ 이끼는 바위나 고목처럼 움직이지 않는 것에 붙어 사는 식물이에요. 비탈길에 있는 돌은 굴러다니느라 이끼가 앉을 틈이 없겠지요. 사람도 마찬가지로 부지런하고 꾸준히 노력하는 사람은 계속 발전한다는 뜻으로 쓰는 속담입니다.

구	르	는	V	돌	은	V	이	끼	가	V	안	V
낀	다											
			V			V				V		V

벼 이삭은 익을수록 고개를 숙인다

⭐ 벼는 이삭이 영글수록 줄기 끝이 아래로 처집니다. 마치 사람이 겸손하게 고개를 숙인 모습과 같지요? 이처럼 교양이 있고 수양을 쌓은 사람일수록 겸손하게 행동한다는 뜻으로 쓰는 속담입니다.

벼	V	이	삭	은	V	익	을	수	록	V	고
개	를	V	숙	인	다						
	V				V					V	
		V									

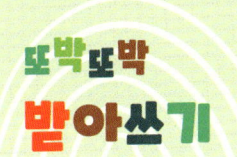

1. 빈칸을 채우고 앞 부분과 뒷부분을 이어 속담을 완성하세요.

2. 불러 주는 말을 잘 듣고, 띄어쓰기에 유의하며 받아쓰세요.

DAY 20 신중한 마음가짐 속담

빈 수레가 요란하다

⭐ 아무것도 싣지 않은 수레는 무게가 가벼워서 달릴 때 소리가 크게 납니다. 이처럼 실속 없는 사람의 모습을 가벼운 수레에 비유한 속담입니다. 반대 표현은 '병에 찬 물은 저어도 소리가 나지 않는다'라는 속담이 있어요.

빈	V	수	레	가	V	요	란	하	다
빈	V	수	레	가	V	요	란	하	다
	V				V				

바늘 도둑이 소도둑 된다

⭐ 바늘을 훔치다 보면 소까지도 훔친다는 뜻이에요. 이처럼 사소한 나쁜 짓도 자꾸 하게 되면 큰 죄를 저지르게 됨을 비유한 속담이에요. 나쁜 습관은 점점 더 심하게 되니 처음부터 아예 들이지 않는 것이 좋겠지요?

바	늘	V	도	둑	이	V	소	도	둑	V	된
다											
		V				V				V	

밑 빠진 독에 물 붓기

⭐ 콩쥐 팥쥐 이야기에서 콩쥐가 바닥이 깨진 항아리에 물을 붓지만 아무리 물을 부어도 가득 채울 수는 없었어요. 이처럼 애써 한 일이 보람이 없는 상태로 되는 것을 비유할 때 쓰는 속담입니다. '독'은 배가 불룩한 항아리를 말해요.

밑	V	빠	진	V	독	에	V	물	V	붓	기
밑	V	빠	진	V	독	에	V	물	V	붓	기
	V			V			V		V		

가는 말이 고와야 오는 말이 곱다

⭐ 내가 친구에게 친절하게 대했다면 친구도 나에게 친절히 대해 줄 거예요. 이 속담처럼 말도 마찬가지예요. 내가 잘해야 남도 나에게 잘한다는 것을 꼭 기억하세요.

가	는	V	말	이	V	고	와	야	V	오	는	V
말	이	V	곱	다								
		V			V				V			V
		V										

불난 집에 부채질한다

⭐ 불이 났는데 끄려고 도와주지는 못할망정 옆에서 부채질해서 불을 더 붙인다면 얼마나 얄미울까요? 이처럼 남의 불행을 더 커지도록 만들거나 화를 더욱 부추긴다는 뜻으로 쓰는 속담입니다.

불	난	V	집	에	V	부	채	질	한	다	
불	난	V	집	에	V	부	채	질	한	다	
		V			V						

천 길 물속은 알아도 한 길 사람의 속은 모른다

⭐ 물은 그 깊이를 잴 수 있지만, 사람의 속마음은 남이 알기가 매우 어렵다는 뜻으로 쓰는 속담이에요. 이 속담은 평소에 잘 알고 지내던 사람이 예상치 못한 행동을 했을 때 씁니다.

천	V	길	V	물	속	은	V	알	아	도	V
한	V	길	V	사	람	의	V	속	은	V	모
른	다										
	V		V				V				V
	V		V				V			V	

mp3_25

1. 빈칸을 채우고 앞 부분과 뒷부분을 이어 속담을 완성하세요.

   ① ☐☐ 집에 • • ☐☐ 한다

   ② 밑 빠진 ☐ 에 • • ☐ 붓기

   ③ 빈 ☐☐ 가 • • ☐☐☐

2. 불러 주는 말을 잘 듣고, 띄어쓰기에 유의하며 받아쓰세요.

   ① 바늘 ∨ 도둑이 ∨ ⋯⋯ ∨

   ② 가는 ∨ 말이 ∨ 고와야 ∨ ⋯ ∨ ⋯ ∨

   ③ 천 ∨ 길 ∨ 물속은 ∨ 알아도 ∨ ⋯ ∨ ⋯ ∨ ⋯ ∨

재미잼
수수께끼

수수께끼는 그 모양을 떠올려 맞추는 것, 말소리가 비슷한 것을 맞추는 것 등 다양한 종류가 있어요. 다음 힌트를 보고 수수께끼를 맞혀 보세요.

① 비가 오면 활짝 펼쳐졌다가 비가 그치면 다시 오므라드는 것은?

② 컬러 사진을 찍어도 항상 흑백 사진으로 나오는 동물은?

③ 눈은 세 개 인데 다리는 한개인 것은?

④ 순식간에 온 세상을 덮어버리는 것은?

5장

줄 맞춰 문장 쓰기 ②

학습 목표

문장을 쓸 때는 전체 문장을 곧게 써 나가는 것이 중요해요. 글자의 높낮이가 맞지 않게 쓰거나, 문장이 한쪽으로 내려가거나 올라가지 않도록 말이에요. 이때 첫 글자의 자리를 잘 잡은 뒤, 먼저 쓴 글자의 높이에 맞춰서 다음 글자를 써 나가면 쉬워요.
여기서는 교과서에 나오는 핵심 문장을 따라 쓰면서 긴 문장 쓰는 것을 연습해요.

학습 목차

★ **DAY 21** 국어 교과서 핵심 문장

★ **DAY 22** 수학 교과서 핵심 문장

★ **DAY 23** 사회 교과서 핵심 문장

★ **DAY 24** 과학 교과서 핵심 문장

★ **DAY 25** 음악, 미술 교과서 핵심 문장

★ **재미잼** 낱말 퍼즐

DAY 21 국어 교과서 핵심 문장

> 시 속 인물의 마음을 상상하여 시를 읽습니다.

⭐ 시를 읽을 때는 시 속 인물의 마음이나 상황을 그대로 느끼는 것이 중요해요. 그러기 위해서는 시의 표현을 보고 인물의 마음을 생각해 보는 거예요. 시의 상황과 비슷했던 자기 경험을 떠올려 보면 시 속 인물의 마음을 더욱 잘 느낄 수 있을 거예요.

시 ∨ 속 ∨ 인물의 ∨ 마음을 ∨ 상상
하여 ∨ 시를 ∨ 읽습니다.

> 말할 때는 듣는 사람을 바라보며 바른 자세로 자신 있게 말합니다.

⭐ 바른 자세로 말하면 어떤 점이 좋을까요? 듣는 사람이 잘 알아들을 수 있어요. 또 말하려는 내용을 정확하게 전달할 수 있지요. 발표할 때는 어떤 내용을 말할지 미리 정리하고, 바른 자세로 선 뒤 알맞은 크기의 목소리로 분명하게 말해요.

말할 ∨ 때는 ∨ 듣는 ∨ 사람을 ∨ 바
라보며 ∨ 바른 ∨ 자세로 ∨ 자신 ∨
있게 ∨ 말합니다.

주변의 다양한 낱말을 찾아 말놀이를 할 수 있습니다.

⭐ 말놀이는 어휘력을 키우는데 아주 효과적인 놀이예요. 자주 하는 말놀이에는 말꼬리 잇기를 비롯해 비슷한 것을 떠올려서 말을 이어가는 '꽁지따기 말놀이', 반복되는 말의 특징을 가진 새로운 낱말을 넣어 말을 이어가는 '같은 말로 이어 말하기 놀이' 등이 있어요.

주변의 V 다양한 V 낱말을 V 찾아 V
말놀이를 V 할 V 수 V 있습니다.

일기를 쓸 때는 마음을 표현하는 낱말을 사용하여 솔직하게 씁니다.

⭐ 일기를 쓸 때는 제일 먼저 하루 동안에 일어난 일을 언제, 어떤 일이 있었는지 떠올린 뒤, 그중 기억에 남는 일을 골라요. 그리고 날짜와 요일, 날씨를 쓰고 내용을 정갈하게 써요. 다 쓴 뒤 다시 읽고 글을 다듬어요.

일기를 V 쓸 V 때는 V 마음을 V 표
현하는 V 낱말을 V 사용하여 V 솔
직하게 V 씁니다.

> **일이 일어난 차례를 생각하며 글의 내용을 간추립니다.**

⭐ 글의 내용을 간추려 말하는 것을 요약이라고 해요. 요약하기를 통해서 우리는 긴 내용도 빠르게 이해할 수 있지요. 요약하는 방법에는 원인과 결과로 간추리는 방법과 일이 일어난 차례에 따라 간추리는 방법, 중심 내용을 이어서 간추리는 방법이 있어요.

일이 V 일어난 V 차례를 V 생각하
며 V 글의 V 내용을 V 간추립니다.

> **물건을 설명할 때는 물건의 모양과 특징을 자세하게 말합니다.**

⭐ 설명은 대상을 잘 이해할 수 있도록 표현하는 말하기예요. 뜻을 말하는 정의, 예를 들어 말하는 예시 이외에도 비교, 대조, 분류, 분석 등의 방법으로 설명할 수 있어요. 설명을 통해 우리는 사실이나 정보, 지식을 전할 수 있지요.

물건을 V 설명할 V 때는 V 물건의 V
모양과 V 특징을 V 자세하게 V 말
합니다.

똑똑 낱말 카드

1. 낱말의 뜻을 찾고, 자기 생각을 적어 보세요.

1. 동시

★ 뜻 :

★ 동시를 읽으면 어떤 느낌이 드나요?

2. 맞춤법

✿ 뜻 :

✿ 글을 쓸 때 한글 맞춤법을 지켜야 하는 이유는 무엇일까요?

3. 발표

✪ 뜻 :

✪ 내가 발표자가 된다면 어떤 내용을 말하고 싶나요?

DAY 22 수학 교과서 핵심 문장

> 어떤 기준을 정해 나누는 것을 분류라고 합니다.

⭐ 모양이나 길이, 색깔, 수를 기준으로 여러 가지 사물이나 사람을 분류할 수 있어요. 분류할 때는 분명한 기준을 정하여, 누가 분류하더라도 같은 결과가 나오도록 해야 해요. 그러면 분류한 기준으로 물건을 찾을 때 정확하게 찾을 수 있어요.

어떤 V 기준을 V 정해 V 나누는 V
것을 V 분류라고 V 합니다.

> 어림한 수를 말할 때는 숫자 앞에 '약'을 붙여서 말합니다.

⭐ 대강 짐작으로 헤아린 사물의 수나 양을 어림수라 하는데, 어림수는 정확한 수가 아니기 때문에 수 앞에 '약'을 붙여 어림수라는 것을 알려주어야 합니다.

어림한 V 수를 V 말할 V 때는 V 숫자 V 앞에 V '약'을 V 붙여서 V 말합니다.

그래프는 조사한 내용을 한눈에 비교하기에 편리합니다.

⭐ 조사한 자료를 그래프로 정리하면 한눈에 알아보기 쉬워, 이를 이용하여 기사를 쓰거나 사람들에게 설명합니다. 그림으로 정리한 그림그래프, 막대 모양으로 나타낸 막대그래프, 변화한 양을 점으로 찍고 그 점을 이어 나타낸 꺾은선그래프 등이 있어요.

자가 없어도 뼘이나 다른 물건을 이용하여 길이를 잴 수 있습니다.

⭐ 손을 펼쳤을 때, 엄지손가락에서 펼친 손가락 끝까지의 길이를 뼘이라고 해요. 하지만 사람마다 뼘의 길이가 다르므로 뼘으로 길이를 재면 정확한 길이를 알 수 없어요. 그래서 누가 길이를 재든 똑같은 값이 나오는 단위로 재는 것이 좋아요.

원은 어느 쪽에서 보아도 똑같이 동그란 모양입니다.

⭐ 원은 곧은 선이나 뾰족한 부분이 없이 굽은 선으로 이루어져 있어요. 그러므로 삼각형이나 사각형과 달리 어느 쪽에서 보아도 동그랗게 보이지요. 그리고 도형에서 어느 점과 점을 이은 곧은 선을 '변'이라 하고, 변과 변이 만나는 점을 '꼭짓점'이라고 해요.

| 원 | 은 | V | 어 | 느 | V | 쪽 | 에 | 서 | V | 보 | 아 | 도 | V |
| 똑 | 같 | 이 | V | 동 | 그 | 란 | V | 모 | 양 | 입 | 니 | 다 | . |

덧셈식과 뺄셈식의 관계를 이용하여 원하는 값을 구할 수 있습니다.

⭐ 두 개 수를 더해 그 합을 구하는 것을 덧셈식이라고 해요. 또 전체에서 어느 한 수를 빼서 나머지 값을 구하는 것을 뺄셈식이라고 해요. 즉 두 개 수를 더한 합에서 반대로 어느 한 수를 빼면 다른 한 수를 알 수 있어요. 그러니 덧셈식과 뺄셈식을 이용해 원하는 값을 구할 수 있어요.

덧	셈	식	과	V	뺄	셈	식	의	V	관	계	를	V
이	용	하	여	V	원	하	는	V	값	을	V	구	할	V
수	V	있	습	니	다	.

1. 낱말의 뜻을 찾고, 자기 생각을 적어 보세요.

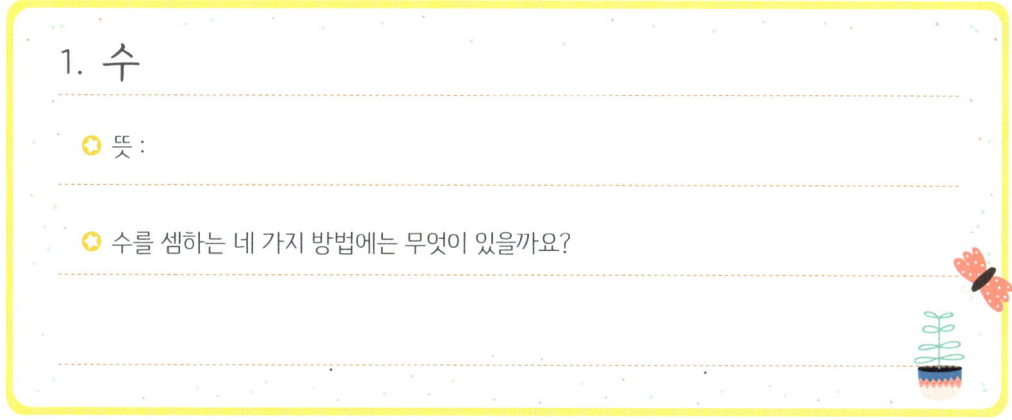

1. 수

   ✿ 뜻 :

   ✿ 수를 셈하는 네 가지 방법에는 무엇이 있을까요?

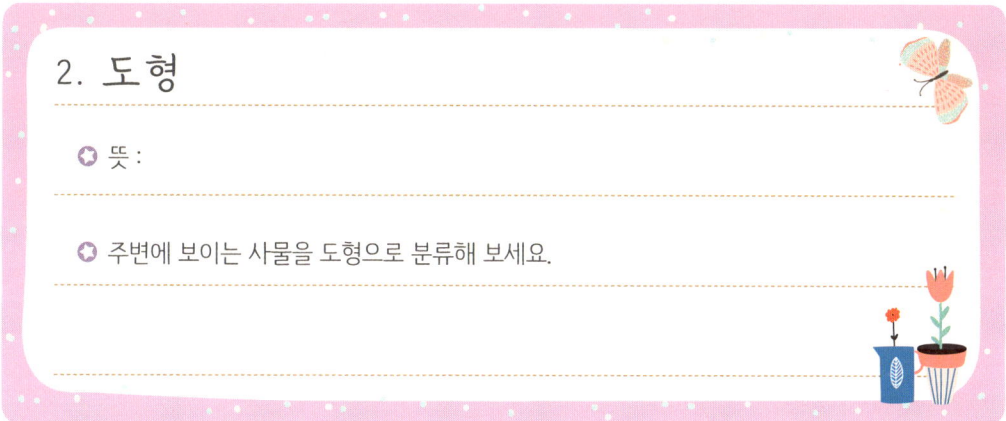

2. 도형

   ✿ 뜻 :

   ✿ 주변에 보이는 사물을 도형으로 분류해 보세요.

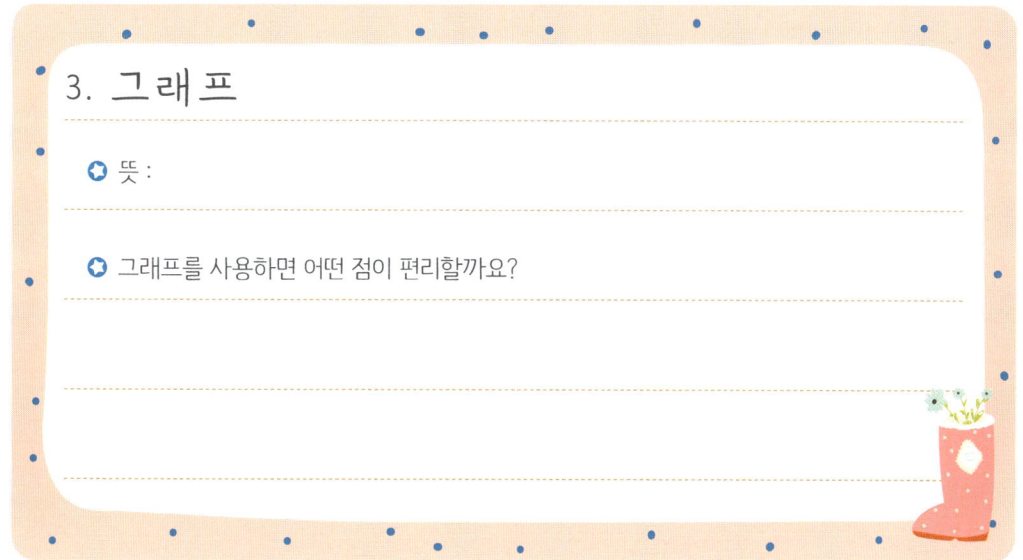

3. 그래프

   ✿ 뜻 :

   ✿ 그래프를 사용하면 어떤 점이 편리할까요?

DAY 23 사회 교과서 핵심 문장

> 지렁이는 지구 토양의 건강을 지키는 파수꾼입니다.

⭐ 지렁이는 땅속의 썩은 나뭇잎이나 동물의 똥을 먹고 사는데, 이 과정은 생태계 유지에 큰 역할을 해요. 식물의 잎이나 동물의 똥은 그 자체로는 토양의 영양분으로 쓰이기 힘든데, 지렁이가 이를 먹고 배설물을 뱉으면 그것이 귀중한 영양분이 되어 토양을 건강하게 하기 때문이에요.

지렁이는 V 지구 V 토양의 V 건강을 V 지키는 V 파수꾼입니다.

> 임진왜란에서 이순신 장군은 적은 수의 수군을 이끌고 왜군을 물리쳤습니다.

⭐ 이순신 장군은 뛰어난 군사 작전으로 왜군들을 물리쳤어요. 무기나 병사가 넉넉하지 않았지만 이순신 장군은 땅의 모양이나 기후를 이용한 전법을 사용했어요. 우리가 잘 알고 있는 한산도 대첩에서 사용한 학익진 전법이 바로 그것이에요. 학이 날개를 편 모양으로 적군을 둘러싼 뒤 물리쳤어요.

임진왜란에서 V 이순신 V 장군은 V 적은 V 수의 V 수군을 V 이끌고 V 왜군을 V 물리쳤습니다.

> ### 한라산은 식물 분포가 다양해 자연 학습에 적합합니다.

✪ 한라산은 화산 활동으로 이루어진 산으로, 해발 고도에 따라 아열대 식물에서 냉대 식물까지 1,800여 종에 달하는 식물이 자라고 있어요. 하나의 산에 이렇게 자라는 식물이 다양하고 변화가 뚜렷한 산은 매우 드물어요.

| 한 | 라 | 산 | 은 | V | 식 | 물 | V | 분 | 포 | 가 | V | 다 | 양 |
| 해 | V | 자 | 연 | V | 학 | 습 | 에 | V | 적 | 합 | 합 | 니 | 다. |

돈은 물건과 물건을 바꿀 수 있도록 중간에서 도와주는 역할을 합니다.

✪ 사람들은 자신이 만든 것과 다른 사람들이 만든 것을 교환하여 필요한 것을 얻는데, 물물 교환은 불편한 점이 많아요. 이때 필요한 것이 바로 돈이에요. 사람들은 돈으로 물건을 사고팔며 효과적으로 경제 활동을 하지요.

돈	은	V	물	건	과	V	물	건	을	V	바	꿀	V
수	V	있	도	록	V	중	간	에	서	V	도	와	주
는	V	역	할	을	V	합	니	다.					

종이는 넓은 지역으로 문화를 전파하는데 편리했습니다.

⭐ 처음에는 문자를 점토판이나 비단 등에 기록했어요. 하지만 이것은 가지고 다니기 불편하고 쉽게 파손되어 널리 사용되지 못했어요. 이후 나무껍질을 불린 뒤 얇게 떠서 말리는 방식으로 종이를 발명했는데, 종이는 부드러워서 문자를 제대로 적을 수 있었고, 얇고 가벼워서 이동에 편했어요.

| 종 | 이 | 는 | V | 넓 | 은 | V | 지 | 역 | 으 | 로 | V | 문 | 화 |
| 를 | V | 전 | 파 | 하 | 는 | 데 | V | 편 | 리 | 했 | 습 | 니 | 다 | . |

연은 얇은 종이에 댓가지를 붙이고 실을 매어 공중에 날리는 놀잇감입니다.

⭐ 연날리기는 새해를 맞이하며 하던 전통 놀이에요. 하늘에 뜬 연을 보며 새해의 소망을 빌기도 하고, 연을 날리다가 일부러 연줄을 끊기도 했어요. 이것은 나쁜 기운을 연과 함께 멀리멀리 날려 버리려는 소망을 담은 거예요.

연	은	V	얇	은	V	종	이	에	V	댓	가	지	를	V
붙	이	고	V	실	을	V	매	어	V	공	중	에	V
날	리	는	V	놀	잇	감	입	니	다	.

1. 낱말의 뜻을 찾고, 자기 생각을 적어 보세요.

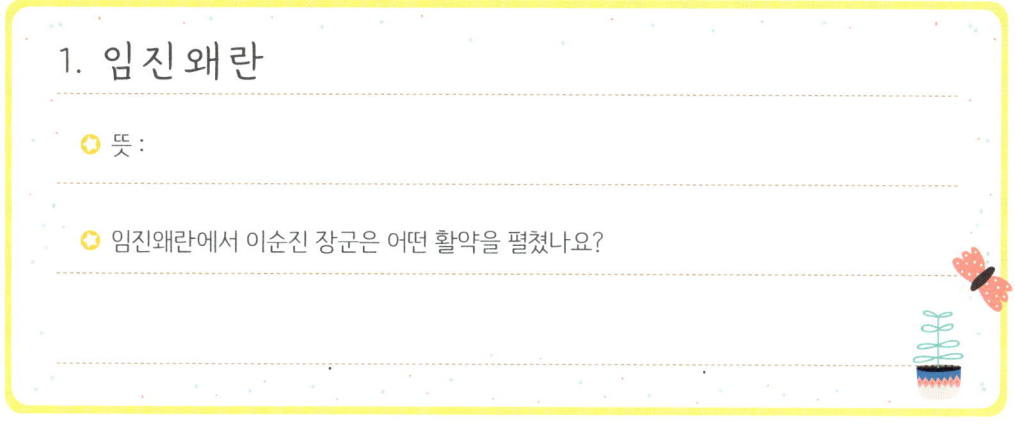

1. 임진왜란
   - 뜻:
   - 임진왜란에서 이순진 장군은 어떤 활약을 펼쳤나요?

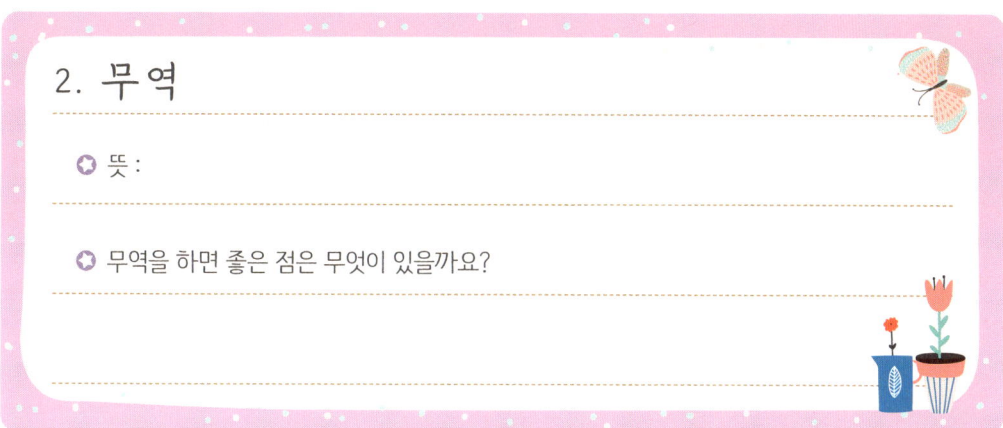

2. 무역
   - 뜻:
   - 무역을 하면 좋은 점은 무엇이 있을까요?

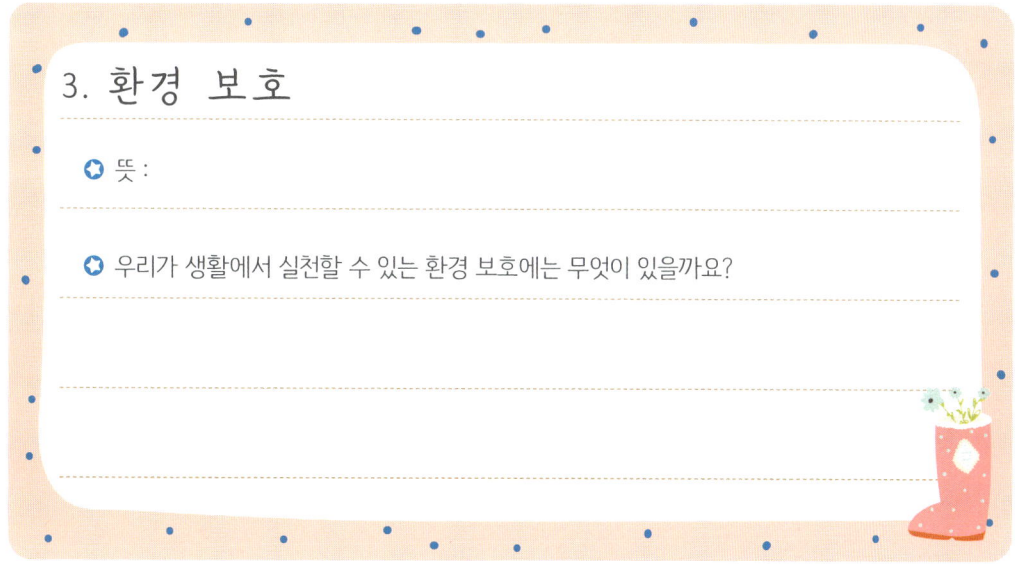

3. 환경 보호
   - 뜻:
   - 우리가 생활에서 실천할 수 있는 환경 보호에는 무엇이 있을까요?

과학 교과서 핵심 문장

> 달은 매일 지구의 주위를 돌고 있습니다.

★ 달은 지구의 주위를 도는 위성이에요. 30일에 한 바퀴를 돌지요. 밤이 되면 밝게 빛나는데 이것은 스스로 빛을 내는 것이 아니라 태양 빛을 받아 반사하는 것이에요. 달의 위치가 바뀌면서 지구에 의해 태양 빛이 가려지면 달의 모양이 초승달로도, 반달로도 바뀝니다.

달은 ∨ 매일 ∨ 지구의 ∨ 주위를 ∨
돌고 ∨ 있습니다.

> 세상에 아직 없었던 새로운 것을 만들어 내는 것을 발명이라고 합니다.

★ '발견'은 이전부터 이미 있었지만 세상에 알려지지 않은 어떤 것을 찾아내는 것을 말해요. 반면에 '발명'은 세상에 아직 없었던 새로운 것을 만들어 내는 것을 말하지요. 인류는 우연히 불이 나는 것을 '발견'한 뒤에, 직접 불을 피울 수 있는 부싯돌을 '발명'했습니다.

세상에 ∨ 아직 ∨ 없었던 ∨ 새로운 ∨
것을 ∨ 만들어 ∨ 내는 ∨ 것을 ∨ 발
명이라고 ∨ 합니다.

수박은 줄기가 땅 위를 기어 자라는 식물입니다.

⭐ 수박과 포도는 모두 여름에 나는 과일이지만 자라는 모습은 아주 달라요. 수박은 줄기가 땅을 기며 자라는 한해살이풀이고, 포도나무는 가지가 위로 뻗어 자라는 다년생 나무예요.

| 수 | 박 | 은 | V | 줄 | 기 | 가 | V | 땅 | V | 위 | 를 | V | 기 |
| 어 | V | 자 | 라 | 는 | V | 식 | 물 | 입 | 니 | 다 | . | | |

라이트 형제는 수만 번의 실패 끝에 마침내 세계 최초로 비행에 성공했습니다.

⭐ 라이트 형제가 발명한 비행기는 바람을 타고 나는 글라이더와는 달리 엔진을 달아 스스로 비행할 수 있는 기체였어요. 몇 초밖에 되지 않는 비행이었지만, 라이트 형제는 최초의 동력 비행에 성공했어요. 우리가 타는 비행기는 라이트 형제의 끝임없는 노력으로 시작되었답니다.

라	이	트	V	형	제	는	V	수	만	V	번	의	V
실	패	V	끝	에	V	마	침	내	V	세	계	V	최
초	로	V	비	행	에	V	성	공	했	습	니	다	.

개구리는 겨울이 오면 땅속에 들어가 겨울잠을 잡니다.

⭐ 어떤 동물들은 춥고 먹을 것이 부족한 계절이 다가오면 따뜻한 땅속에서 신체 활동을 중단하고 겨울잠을 자기도 해요. 곰은 겨울잠을 잔다고 해도 완전히 잠만 자는 것은 아니고 가끔 일어나 똥을 누거나 먹이를 먹기도 해요.

| 개 | 구 | 리 | 는 | V | 겨 | 울 | 이 | V | 오 | 면 | V | 땅 | 속 |
| 에 | V | 들 | 어 | 가 | V | 겨 | 울 | 잠 | 을 | V | 잡 | 니 | 다. |

꿀벌은 배에서 만들어 낸 밀랍을 이용해서 벌집을 짓습니다.

⭐ 벌집은 자연의 완벽한 건축물이라고 할 수 있어요. 왜냐하면 꿀벌들은 여왕벌 한 마리에 여럿의 일벌이 모여 사는데, 벌집의 육각형은 작은 공간에 가장 많은 방을 만들 수 있는 구조이기 때문이에요. 그래서 벌들은 작은 공간에서도 질서 있게 모여 살 수 있어요.

꿀	벌	은	V	배	에	서	V	만	들	어	V	낸	V
밀	랍	을	V	이	용	해	서	V	벌	집	을	V	짓
습	니	다.											

1. 낱말의 뜻을 찾고, 자기 생각을 적어 보세요.

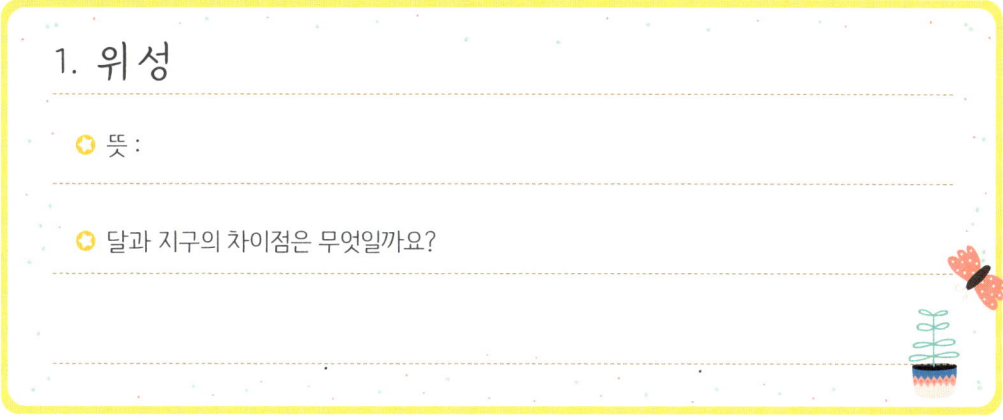

1. 위성
   - 뜻 :
   - 달과 지구의 차이점은 무엇일까요?

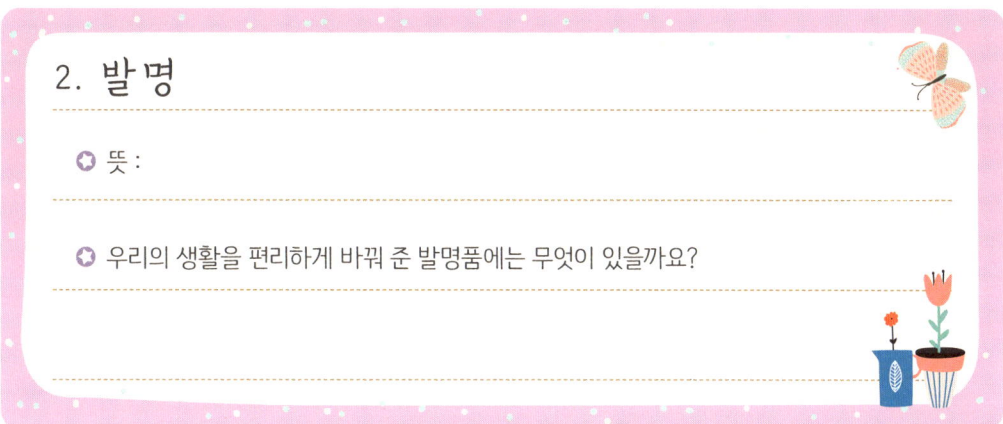

2. 발명
   - 뜻 :
   - 우리의 생활을 편리하게 바꿔 준 발명품에는 무엇이 있을까요?

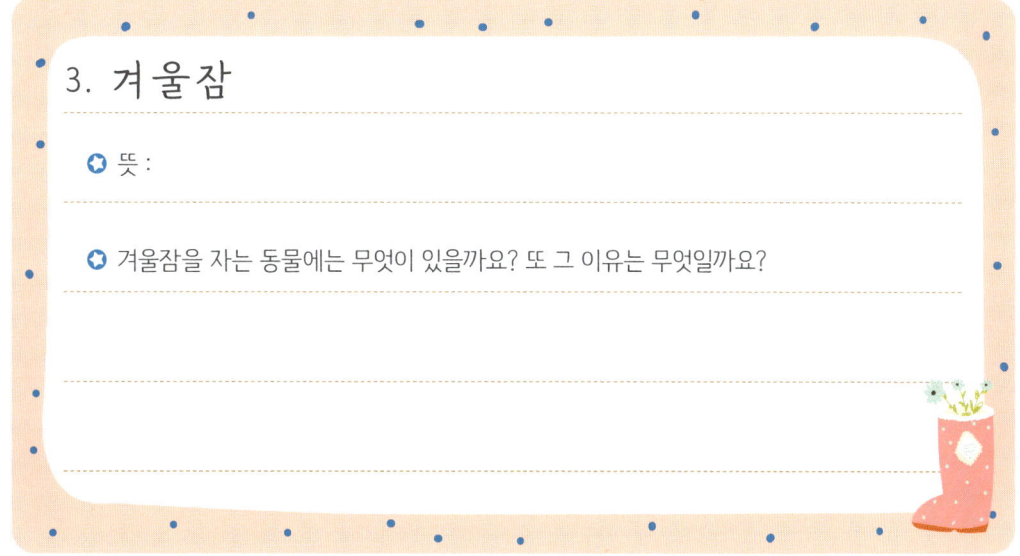

3. 겨울잠
   - 뜻 :
   - 겨울잠을 자는 동물에는 무엇이 있을까요? 또 그 이유는 무엇일까요?

미술·음악 교과서 핵심 문장

동요는 어린이들의 꿈과 희망을 담은 노래입니다.

동요는 어린이의 마음을 어린이의 말로 표현한 노래로, 어린이들이 주로 불러요. 동시에 가락을 붙여 동요를 만들기도 하지요. 그리고 옛날부터 불리던 동요는 특별히 전래 동요라고 하는데, 이런 전래 동요는 놀이를 할 때 함께 부르는 것이 많았어요.

동요는 V 어린이들의 V 꿈과 V 희
망을 V 담은 V 노래입니다.

가야금은 손가락으로 줄을 튕겨 연주하는 우리나라 전통 현악기입니다.

가야금은 우리의 전통 현악기 중 대표적인 것으로, 열두 줄을 손가락으로 튕겨 소리를 내지요. 비슷하게 생긴 거문고도 우리의 전통 현악기인데 가야금과 달리 막대로 줄을 치거나 뜯듯이 튕겨 소리를 냅니다. 줄도 여섯 줄로 가야금보다 더 적어요.

가야금은 V 손가락으로 V 줄을 V
튕겨 V 연주하는 V 우리나라 V 전
통 V 현악기입니다.

> 바흐는 '음악의 아버지'라 불린 고전주의 음악가입니다.

⭐ 바흐는 유럽의 고전주의 음악을 발달시킨 음악가예요. 고전주의 음악은 신과 왕의 위엄을 칭송하는 음악으로 엄숙한 특징이 있어요. 바흐 이후로 베토벤과 모차르트 등 근대 음악가들이 많이 배출되었어요. 음악의 아버지라 해도 과언이 아니지요?

| 바 | 흐 | 는 | V | | ' | 음 | 악 | 의 | V | 아 | 버 | 지 | ' | 라 |
| 불 | 린 | V | 고 | 전 | 주 | 의 | V | 음 | 악 | 가 | 입 | 니 | 다 | . |

> 색유리나 조개껍질 등을 모아 무늬를 만드는 것을 모자이크라고 합니다.

⭐ 모자이크는 여러 가지 색깔의 유리 조각이나 반짝이는 조개껍질을 모아 붙여 무늬를 만드는 것을 말해요. 건축물의 바닥이나 벽을 장식하거나 도자기 같은 공예품의 겉면을 꾸밀 때 사용해요.

색	유	리	나	V	조	개	껍	질	V	등	을	V	모
아	V	무	늬	를	V	만	드	는	V	것	을	V	모
자	이	크	라	고	V	합	니	다	.				

도깨비는 옛이야기에 자주 나오는 정겨운 친구입니다.

⭐ 도깨비는 전래동화에 자주 나오는데, 무섭기보다는 정의롭고 순수해요. 사람들과 친하게 지내면서 같이 놀고 싶어 하거나 나쁜 사람을 대신 혼내주기도 해요.

| 도 | 깨 | 비 | 는 | V | 옛 | 이 | 야 | 기 | 에 | V | 자 | 주 | V |
| 나 | 오 | 는 | V | 정 | 겨 | 운 | V | 친 | 구 | 입 | 니 | 다 | . |

조선 시대 화가 김홍도는 사람들의 평범한 생활을 생동감 있게 그렸습니다.

⭐ 김홍도는 당시 사람들의 일상을 주제로 한 풍속화를 많이 그렸어요. 〈씨름〉이나 〈윷놀이〉, 〈빨래터〉 같은 그림은 백성들의 모습을 정감 있게 담아 지금까지도 많이 사랑받고 있어요.

조	선	V	시	대	V	화	가	V	김	홍	도	는	V
사	람	들	의	V	평	범	한	V	생	활	을	V	생
동	감	V	있	게	V	그	렸	습	니	다	.		

1. 낱말의 뜻을 찾고, 자기 생각을 적어 보세요.

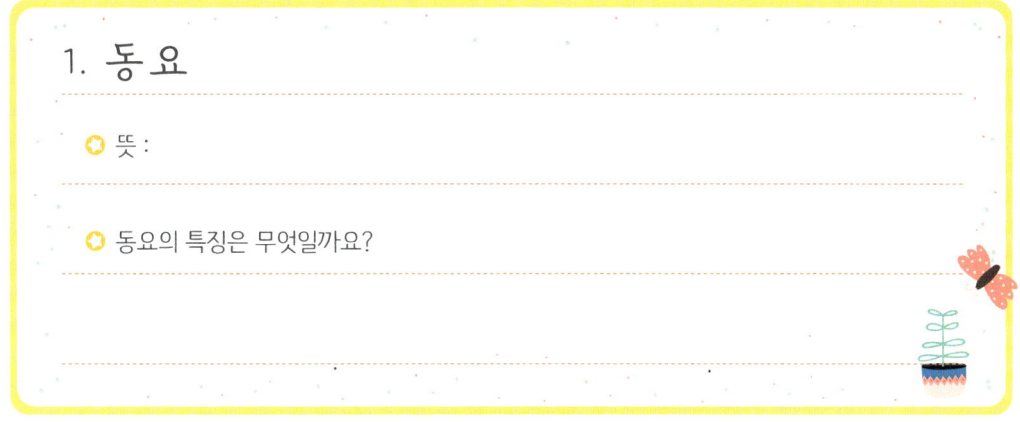

1. 동요

　✪ 뜻 :

　✪ 동요의 특징은 무엇일까요?

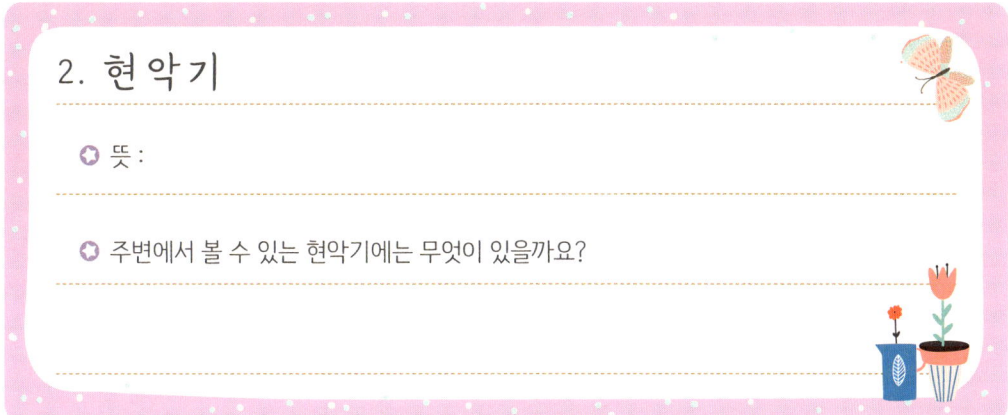

2. 현악기

　✪ 뜻 :

　✪ 주변에서 볼 수 있는 현악기에는 무엇이 있을까요?

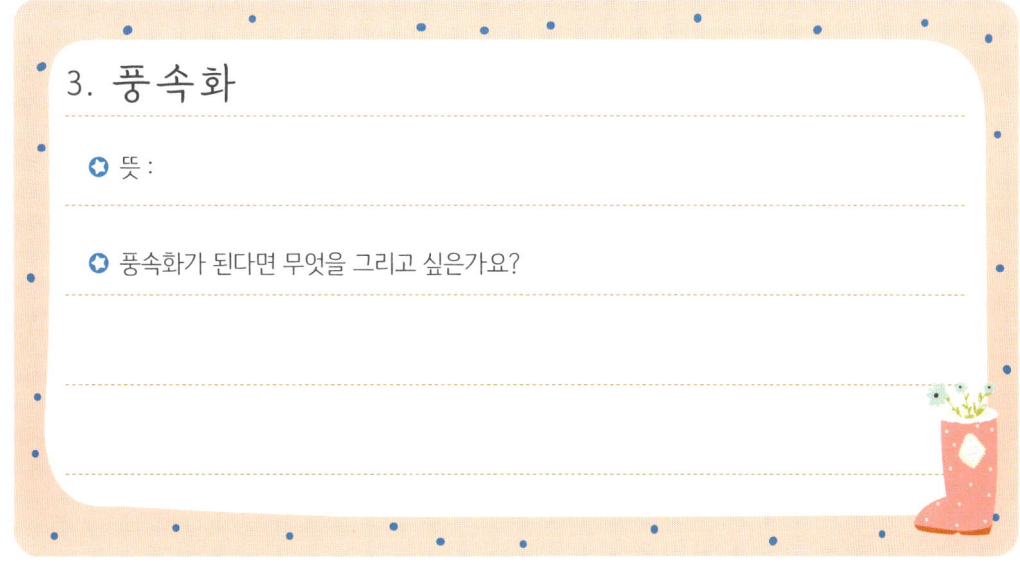

3. 풍속화

　✪ 뜻 :

　✪ 풍속화가 된다면 무엇을 그리고 싶은가요?

재미잼
가로 세로 낱말 퍼즐

낱말 퍼즐은 어휘력과 사고력을 높이는 데 도움이 됩니다.

가로 도움말과 세로 도움말을 읽고 낱말 퍼즐을 풀어 봅시다.

가로 도움말

① 오리처럼 넓고 평평한 주둥이에 발에는 물갈퀴가 있으며, 몸통은 너구리처럼 생긴 동물이에요.

③ 갯과에 속하며 부드럽고 아름다운 털로 온몸이 덮여 있어요. 이것의 모피 때문에 지금은 개체 수가 줄어 보호 동물로 지정되어 있어요.

⑤ 굽고 튼튼한 갈고리발톱으로 나무에 매달려 생활하는 동물이에요. 하루에 18시간 정도를 잠을 자기 때문에 이런 이름이 붙여졌어요.

⑦ 이빨이 전혀 없고 작은 입에 매우 긴 혀가 있어서 구멍에 있는 개미를 혀에 붙여서 끌어내어 먹는 동물이에요.

⑨ 생쥐처럼 생겼는데 고운 털로 덮여 있어요. 양 볼에는 음식물을 운반하기 위한 볼 주머니가 있어요.

세로 도움말

② 말레이어로 '숲속에 사는 사람'이라는 뜻을 가진 유인원의 하나예요. 주로 나무 위에서 생활하며 매일 둥지를 옮겨요.

④ 대형 도마뱀의 하나로 따뜻한 지역에서 살아요. 공룡처럼 무섭게 생겼지만, 꽃이나 과일을 먹는 온순한 동물이에요.

⑥ 앞뒤 다리 사이에 막이 있어서 하늘을 나는 다람쥐처럼 생긴 동물이에요.

⑧ 토끼처럼 생겼지만 쥣과에 속해요. '돼지쥐'라고도 불리지요. 애완동물로도 키워요.

⑩ 새 중에서 비행을 가장 잘하는 새예요. 날개가 아주 길고 좁게 생겨서 한번 바람을 타면 몇 시간 동안 날갯짓 없이 공중에 떠 있을 수 있어요.

학습 목표

우리는 학교에서 알림장을 쓰거나 집에서 일기를 쓰지요. 하지만 어떤 내용을 어떻게 써야 할지 몰라 막막했던 적이 있을 거에요.
여기에서는 띄어쓰기의 기초를 익히고, 알림장과 일기 쓰기, 독서카드 쓰기 등 일상생활 속 다양한 글씨 쓰기를 연습해 봅시다.

학습 목차

★ 부록 1 **읽기 쉽게, 띄어쓰기**

★ 부록 2 **척척, 알림장 쓰기**

★ 부록 3 **재미있게, 일기 쓰기**

★ 부록 4 **뚝딱, 독서카드 쓰기**

부록 1. 읽기 쉽게, 띄어쓰기

우리가 서로 이야기를 나눌 수 있는 이유는 무엇일까요? 같은 말을 사용하기 때문이에요. 그런데 같은 말이라도 규칙이 서로 다르다면 이해할 수 있을까요? 이처럼 우리는 맞춤법에 맞추어 말을 하고 글을 쓰기 때문에 상대방의 뜻을 바르게 이해할 수 있는 거예요.

그중 띄어쓰기는 아주 중요해요. 위 그림처럼, 말할 때 모든 낱말을 이어서 말한다면 제대로 알아들을 수 없겠지요? 띄어쓰기는 낱말 단위로 쉬는 곳에서 띄어 쓰기로 정한 약속이에요.

띄어쓰기 규정

띄어쓰기는 뜻에 따라 띄어 쓴다고 생각하면 쉬워요. 낱말 단위로 띄어 쓰는데, 도움을 주는 낱말은 앞말과 붙여 쓰기도 하지요. 자세한 규정을 알아볼까요?

❶ 낱말과 낱말은 띄어 써요.

| 서 | 쪽 | V | 하 | 늘 | V | 무 | 지 | 개 |

✿ 다음 글을 원고지에 써 보세요.   생일파티초대장

		∨			∨		

❷ 도움을 주는 낱말인 조사는 앞말에 붙여 써요.

쟁	반	처	럼	∨	둥	근	∨	달

✿ 다음 글을 원고지에 써 보세요.   강아지가나를따라와요.

					∨			∨				.

❸ 꾸며 주는 말은 뒷말과 띄어 써요.

노	란	∨	꽃	이	∨	정	말	∨	예	쁘	다	.

✿ 다음 글을 원고지에 써 보세요.   커다란풍선과파란하늘

			∨				∨			∨		

❹ 단위를 나타내는 말은 띄어 써요.

연	필	∨	한	∨	자	루	,	종	이	∨	두	∨	장

✿ 다음 글을 원고지에 써 보세요.   볍씨세톨, 우동네그릇

		∨		∨		,			∨		∨	

이외에도 몇 가지가 더 있어요.

❶ 의존명사는 앞말과 띄어 써요.
   ✪ 이건 먹을∨수가 없어

❷ 이어주거나 늘어놓을 때 쓰는 말은 띄어 써요.
   ✪ 무지개는 빨강, 노랑, 파랑∨등∨여러 색이 섞여 있어요.

❸ 성과 이름은 붙여 쓰고, 호칭이나 직업을 나타내는 말은 띄어 써요.
   ✪ 마술사∨이현주

다음 글을 원고지에 써 보세요.

〈도깨비 방망이〉

　옛날 어느 마을에 늙은 부모님과 부지런한 총각이 살았어요. 총각은 효심이 깊어 나이 든 부모님을 정성을 다해 모셨어요.
　어느 날 총각은 날이 어두워지는지도 모르고 산에서 나무를 하다가 허겁지겁 내려왔어요. 그런데 마을에 닿기도 전에 날이 저물고 말았어요. 총각은 빈집을 발견하고 하룻밤을 자기로 했어요.
　한참 단잠을 자고 있는데 밖에서 시끄러운 소리가 들려왔어요. 화들짝 놀란 총각은 얼른 대들보 위에 숨었어요. 알고 보니 그 집은 바로 도깨비 집이었어요. 방으로 들어온 도깨비들은 방망이를 두드리며 놀기 시작했어요.

　　　< 도깨비　방망이 >

척척, 알림장 쓰기

연우가 책가방 정리를 하고 있어요. 그런데 내일 학교에 가지고 가야할 준비물이 뭔지 기억나지 않아요. 낮에는 분명히 기억하고 있었는데 말이에요. 이때 눈에 띈 알림장. 알림장에 적어 두었던 것을 보고 제대로 준비할 수 있었어요.

이처럼 우리는 생각보다 매우 짧은 시간만 기억하는데다가 종종 사실과 다르게 기억하기도 해요. 그래서 우리는 당시의 생각과 행동을 적어 두지요. 우리가 학교에서 쓰는 알림장도 이런 역할을 해요. 숙제와 준비물을 잊지 않게 해 주지요.

알림장을 쓸 때는 글자를 반듯하게 적어야 해요. 나중에 다시 봐도 잘 알아볼 수 있도록 말이에요. 그리고 꼭 필요한 내용만 간단하게 적어요. 아래 예시를 볼까요?

> 6.10. (수) ← 날짜를 쓸 때 '월', '일', '요일' 등은 생략하여 간단히 적어요.
>
> 앞쪽에 칸을 두어 다 한 것은 체크(V) 표시를 해요. → 1. 받아쓰기 연습 3번
>
> 2. 체육시간, 운동화 신기 ★★ ← 중요한 일은 표시를 더해요.
>
> 3. 봉사활동 신청서 내기
>
> ↑ 번호를 붙여 써요.

✪ 오늘 알림장의 내용을 아래 빈칸에 적어 연습해 보세요.

메모를 쓸 때도 마찬가지로 내용을 간략하게 씁니다.

✪ 주말에 해야 할 일을 메모해 보세요.

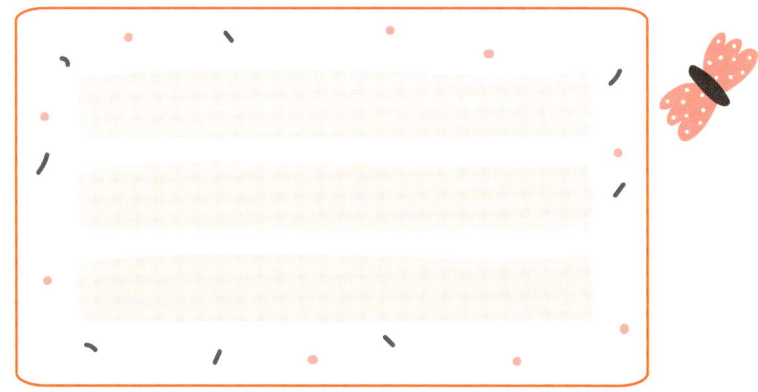

부록 3 재미있게, 일기 쓰기

일기는 오늘 하루 겪은 일 중에서 기억에 남는 일을 쓰는 거예요. 시간이 지나면 기억이 잘 나지 않으니, 일기는 매일 쓰는 것이 좋아요. 좋았던 일, 나빴던 일, 슬펐던 일을 생각하며 자신의 마음도 잘 정리할 수 있어요. 그러니 일기는 무엇보다 솔직하게 쓰는 것이 좋아요.

그런데 매일 비슷한 일만 일어나니까 쓸 것이 별로 없다고요? 그렇다면 다양한 소재로 일기를 써 보세요. 일기에는 매일 있었던 일을 적는 생활 일기 외에도 다양한 종류가 있어요.

- 🌸 **생활 일기**: 그날 있었던 일을 적는 일기.
- 🌸 **견학 일기**: 박물관이나 전시를 관람하고 감상을 적는 일기.
- 🌸 **여행 일기**: 여행지에 대한 감상을 적는 일기.
- 🌸 **독서 일기**: 읽었던 책을 소재로 감상을 적는 일기.
- 🌸 **관찰 일기**: 생물 등을 관찰한 내용과 감상을 적는 일기.
- 🌸 **상상 일기**: 어떤 일을 소재로 상상하여 적는 일기.
- 🌸 **편지 일기**: 자기에게 쓰는 편지처럼 쓰는 일기.

일기를 쓰다 보면 매일 비슷한 내용만 간단하게 적게 되지요. 그럴 때는 내 마음에 귀를 기울여 보세요. 똑같은 일이라도 내 기분이 어땠는지, 상대의 마음은 어땠을지 생각하다 보면 같은 상황이라도 다른 내용이 되니까요. 다음 내용을 참고하여 쓰면 더욱 풍성한 일기가 될 거예요.

1. 시간의 흐름에 따라, 어디에서 무엇을 했는지 생각하세요.
2. 누구와 함께 있었나요? 무슨 이야기를 나누었나요?
3. 나의 기분은 어땠나요? 또 상대방의 기분은 어땠을까요?
4. '~했다면' 하고 상상해 보세요. 어떤 일이 벌어질까요?

날짜를 정확하게 써요.　　　　날씨를 다양하게 표현해 보세요.

날짜 : **6월 29일 금요일**　　날씨 : **더워서 땀을 뻘뻘 흘림**

특별한 제목을 붙여 보세요.

제목 : **해님은 언제 휴가를 가지?**

　아침부터 해가 쨍쨍 내리쬐어서 정말 더웠다. 학교를 마치고 성주랑 같이 수영장에 갔다. 물놀이를 하는데 해님이 가여웠다. 하루 종일 얼마나 뜨거울까. 해님도 시원한 곳으로 휴가를 가면 좋겠다고 생각했다. 그러면 해님도 쉬고, 나도 시원할 텐데.

○ 오늘 있었던 일을 그림 일기로 써 보세요.

날짜: 날씨:

제목:

뚝딱, 독서카드 쓰기

책을 읽고 나서 그 내용을 정리한 것을 독서록이라고 해요. 책을 읽었더라도 하루, 이틀 지나면 책의 내용이나 감상도 점점 잊게 되지요? 그래서 책을 읽고 독서록을 쓰면 줄거리를 정리하고, 인상 깊었던 점을 정리해서 독사록을 쓰면 책의 내용을 완전히 자기 것으로 만들 수 있어요.

하지만 처음부터 길게 독서록을 적는 것은 매우 힘들어요. 이럴 때는 간단하게 카드 형식으로 적어도 좋아요. 이것을 독서카드라고 하는데, 다음과 같은 내용을 적으면 됩니다.

책 이름	삼 년 고개	읽은 날	○월○일
지은이	모름	출판사	○○출판사
등장 인물	할아버지, 할머니, 손자		
줄거리	한 번 넘어지면 3년 밖에 못 산다는 삼 년 고개에서 할아버지가 넘어지고 큰 시름에 잠겼다. 손자가 꾀를 내어 할아버지를 삼 년 고개에서 많이 넘어지게 해서, 할아버지의 걱정을 덜어주었다.		
느낌	나쁜 일이 일어났지만 좋게 생각하면 오히려 더 좋은 일이 생길 수도 있다는 것을 알게 되었다.		

✿ 오늘 읽었던 책을 독서카드에 정리해 보세요.

책 이름		읽은 날	
지은이		출판사	
등장인물			
줄거리			
느낌			

받아쓰기 정답

DAY 6 29쪽
1 ① 자동차 ② 키다리 ③ 가게
2 ① 아기와∨나비
   ② 개미와∨베짱이
   ③ 미역과∨다시마

DAY 7 33쪽
1 ① 핫초코 ② 포도 ③ 매표소
2 ① 꼬마∨고드름
   ② 오호츠크해
   ③ 크리스마스∨이브

DAY 8 37쪽
1 ① 두유 ② 구두 ③ 우주
2 ① 후추가루
   ② 고무∨튜브
   ③ 여우와∨두루미

DAY 9 41쪽
1 ① 운동 ② 물풀 ③ 북극곰
2 ① 눈꽃∨송이
   ② 불꽃놀이
   ③ 농구와∨축구

DAY 10 45쪽
1 ① 색연필 ② 단팥빵 ③ 딸기잼
2 ① 우리∨동네∨빵집
   ② 받침∨있는∨글자
   ③ 달걀을∨삶았어요

DAY 11 53쪽
1 ① 나비 ② 앵두 ③ 개구리
2 ① 둥둥∨엄마∨오리
   ② 동동∨아기∨오리
   ③ 못물∨속에∨풍덩

DAY 12 57쪽
1 ① 수박 ② 소나기 ③ 물놀이
2 ① 누나가∨씨를∨심고
   ② 햇님이∨입∨맞추면
   ③ 해바라기가∨피어요

DAY 13 61쪽
1 ① 대추 ② 송편 ③ 고추잠자리
2 ① 뜰에는∨반짝이는
   ② 금모래빛과∨갈잎
   ③ 엄마야∨강변∨살자

DAY 14 65쪽
1 ① 떡국 ② 썰매 ③ 동백꽃
2 ① 하늘에서∨내려오는
   ② 하얀∨눈꽃∨송이
   ③ 골고루∨나부끼네

DAY 15 69쪽
1 ① 마파람 ② 은하수 ③ 번개
2 ① 별똥∨떨어진∨곳
   ② 다음날∨가∨보려다
   ③ 이제∨다∨자랐소

DAY 16 77쪽
1 ① 방귀∨뀐∨놈이 — 약∨준다
   ② 가재는 — 성낸다
   ③ 병∨주고 — 게∨편
2 ① 백지장도∨맞들면∨낫다
   ② 가지∨많은∨나무에∨바람∨잘∨날∨없다
   ③ 열∨손가락∨깨물어∨안∨아픈∨손가락이∨없다

DAY 17 81쪽
1 ① 달걀로 — 제∨발∨저리다
   ② 도둑이 — 우물∨판다
   ③ 목마른∨사람이 — 바위∨치기
2 ① 길고∨짧은∨것은∨대어∨보아야∨안다
   ② 하늘이∨무너져도∨솟아날∨구멍이∨있다
   ③ 콩∨심은∨데∨콩∨나고∨팥∨심은∨데∨팥∨난다

DAY 18 85쪽
1 ① 마른하늘에 — 볕∨들∨날∨있다
   ② 소∨잃고 — 날벼락
   ③ 쥐구멍에도 — 외양간∨고친다
2 ① 원숭이도∨나무에서∨떨어진다
   ② 닭∨잡아먹고∨오리∨발∨내놓기
   ③ 고래∨싸움에∨새우∨등∨터진다

DAY 19 89쪽
1 ① 우물∨안 — 한∨걸음부터
   ② 천∨리∨길도 — 개구리
   ③ 공든∨탑이 — 무너지랴
2 ① 구슬이∨서∨말이라도∨꿰어야∨보배
   ② 구르는∨돌은∨이끼가∨안∨낀다
   ③ 벼∨이삭은∨익을수록∨고개를∨숙인다

DAY 20 93쪽
1 ① 불난∨집에 — 부채질한다
   ② 밑∨빠진∨독에 — 물∨붓기
   ③ 빈∨수레가 — 요란하다
2 ① 바늘∨도둑이∨소도둑∨된다
   ② 가는∨말이∨고와야∨오는∨말이∨곱다
   ③ 천∨길∨물속은∨알아도∨한∨길∨사람의∨속은∨모른다

**오! 놀라운
바른글씨**

초판 인쇄   2020년 9월 15일
초판 발행   2020년 9월 25일

지은이_Amazing Contents Team
기획·편집_권민서, 김효수   일러스트_조예희   디자인_원더랜드(Wonderland)

발행인_이중우
펴낸곳_도서출판 다다북스
출판등록_제2020-000095호
주소_서울시 강서구 등촌로191, 3층   www.dadabooks.co.kr   mail@dadabooks.co.kr

© Amazing Contents Team, 2020

ISBN   979-11-971562-0-5 73640

▶ 잘못된 책은 구입한 서점에서 바꿔 드립니다.
▶ 이 책에 실린 모든 내용, 디자인, 이미지, 편집 구성의 저작권은 도서출판 다다북스에 있습니다.
   허락 없이 복제, 배포, 전송할 수 없습니다.